Anna-Maria Wallner (Hg.)

BLINDE LIEBE

Anna-Maria Wallner (Hg.): Blinde Liebe
Originalausgabe
Alle Rechte vorbehalten
© 2010 edition a, Wien
www.edition-a.at
Lektorat: Angelika Slavik
Umschlag, Gestaltung und Produktion: Rainer Erich Scheichelbauer
Schriften: *Scheichpixel* von Rainer Erich Scheichelbauer (www.mekkablue.com)
        Premiéra von Thomas Gabriel (www.typejockeys.at)
Druck und Bindung: CPI Moravia Books GmbH, Pohořelice
ISBN 978-3-99001-011-2

Blinde Liebe

Was Blinde über Liebe wissen

Herausgegeben von
Anna-Maria Wallner

edition a

Inhalt

Einleitung

Anna-Maria Wallner

Wie funktioniert Liebe auf den ersten Blick, wenn man nichts sehen kann?

Mit einer Sehkraft von fünf Prozent und darunter gilt man in Europa als vollständig blind. Wie viele Menschen in Österreich an einer Sehschwäche oder vollständiger Erblindung leiden, ist nicht exakt bekannt. »Wir können nur mit Schätzungen arbeiten«, sagt Martin Tree vom Österreichischen Blindenverband. Im Behindertenbericht 2008 waren 318.000 Sehbehinderte und Blinde in Österreich erfasst. Das sind fast vier Prozent der Bevölkerung. Rund 15.000 davon, glaubt Tree, seien vollständig blind. Auch in Deutschland wird die Zahl der Blinden und Sehbehinderten nicht exakt ermittelt. Schätzungen ergeben, dass rund 150.000 blinde und rund 500.000 sehbehinderte Menschen in der Bundesrepublik leben. Das sind gerade einmal 1,3 Prozent. Hunderttausende Menschen, die in eine Statistik passen. Ihr Liebesleben passt nicht in Tabellen und Listen.

Neun junge österreichische Autoren haben sich auf den folgenden Seiten damit auseinander gesetzt. Sie haben Interviews geführt und blinde Menschen in ihrem Alltag begleitet, um herauszufinden, ob man anders liebt, wenn man nicht sehen kann – vielleicht sogar besser? Wie findet man die Liebe, abseits von optischer Anziehungskraft? Und wie behält man sie?

Die Autoren haben ihre Eindrücke in ganz unterschiedlichen Texten und Textformen verarbeitet, aber alle beschäftigen sich mit dem Kennenlernen, dem Verlieben, dem Versuch des Zusammenbleibens – und manchmal auch mit seinem Scheitern.

1. »Ich bin dein Auge, wenn wir zusammen sind« Von der Kunst, sich im Dunkeln zu finden.

Die Worte »blind« und »Liebe« existieren in der deutschen Sprache auffallend oft im Doppelpack. Man kann »blind vor Liebe« oder »blind ergeben sein«, jemandem »blind vertrauen« oder »blindlings folgen«. Kein Zufall, dass der amerikanische Musiksender MTV einer seiner Kennlern-Shows den Titel »Love is blind« gab. Und das »Blind Date«, das intime Treffen zwischen zwei Menschen, die einander noch nicht kennen, ist längst mehr als eine Modeerscheinung.

Für Blinde ist jedes Treffen mit einem anderen Menschen gewissermaßen ein »Blind Date«. Nicht selten ein einseitiges. Weshalb man beim Thema Liebe mit Nichtsehenden stets auf das Problem des Kennenlernens zu sprechen kommt. Der deutsche Unternehmensberater und Autor Saliya Kahawatte ist während seiner Jugend, genau in der

Pubertät, an einer Netzhautablösung erkrankt, die ihm vollständig das Augenlicht raubte. In seinem 2009 erschienen Buch »Mein Blind Date mit dem Leben« (Eichborn Verlag) schrieb er: »Als ich das erste Mal ein Mädchen kennenlernte, war ich siebzehn. Genauer gesagt: Sie lernte mich kennen«. Er sah sie nicht.

Auch wer mutig und aufgeschlossen ist, muss kleinere und größere Hürden überwinden. Vor allem als junger Mensch, im Teenageralter, kann es schwierig sein, Kontakte mit Gleichaltrigen zu knüpfen oder jemanden zu finden, der mit der Sehbehinderung umgehen kann. In diesem Punkt sind Mädchen und Buben übrigens gleichermaßen zurückhaltend, um nicht zu sagen: unreif. Eine Eigenschaft, die vor allem Frauen mit zunehmendem Alter ablegen, sagt der Sänger Michael Hoffmann, selbst von Geburt an vollständig blind. Weil Frauen dann nämlich mitunter ganz gern die ewige Kümmerin mimen. »Es gibt weitaus mehr Paare mit blinden Männern und sehenden Frauen«, sagt Heike Herrmann, die in der Praxis als Psychotherapeutin im deutschen Marburg viel mit sehbehinderten Menschen zu tun hat und sich selbst seit Jahren im Prozess der vollständigen Erblindung befindet. »Für Frauen ist ein blinder Mann auch etwas Tolles – der sieht nicht nach anderen Frauen, sieht nicht, wie ich zunehme und ist so schön hilfsbedürftig. Mit einem Wort: der lässt sich leicht betüdeln«, sagt sie.

Sind blinde Männer also feinfühliger als sehende? Manche werden jedenfalls regelrecht von Frauen umschwärmt.

Vielleicht weil man ihnen immer wieder nachsagt, sie seien besonders sensible Liebhaber. Herrmann jedenfalls zerstört den Mythos: »Auch unter Blinden gibt es Machomänner«. Und besonders begehrte, weil berühmte: Männer wie Ray Charles oder Stevie Wonder, der italienische Tenor Andrea Bocelli, der mit einem Grünen Star (auch genannt Glaukom) geboren wurde oder der Puertoricaner José Feliciano, der ebenfalls durch Grünen Star sein Augenlicht verlor. Der Promi-Bonus wird bei diesen Männern sicher eine große Rolle spielen. Stevie Wonder zum Beispiel hat stets wunderschöne Frauen an seiner Seite. Und eigentlich hatte es bis vor kurzem den Anschein, dass der amerikanische Soulsänger sich mit seiner Augenkrankheit, die durch die übermäßige Sauerstoffdosierung im Brutkasten in seinen ersten Lebenswochen ausgelöst wurde, abgefunden hätte. In Interviews hat er mehrfach betont, dass er sein feines Gehör, sein musikalisches Können nur dem fehlenden Augenlicht verdanke. Trotzdem hat er sich nie musikalisch an seinem Handicap abgearbeitet. Anders als José Feliciano, der in dem Lied *No dogs allowed* vom Leben mit seinem Blindenhund erzählte. Wonder aber schwieg lange über seine Erblindung. Umso erstaunlicher, dass er vor einigen Jahren plötzlich offen darüber sprach, er überlege sich (kurz vor dem Sechziger), seine Augen operieren zu lassen. Soll das heißen, dass sogar Stevie Wonder, ein Star, der auch durch seine Erblindung berühmt wurde, den Wunsch nie abschütteln kann, wieder sehen zu können? Heike Herrmann kennt das aus ihrer Arbeit mit blinden Menschen. »Das Gefühl, dass man in einer anderen Liga spielt, wird immer bleiben«, glaubt sie.

Stevie Wonder spielt so und so in einer anderen Liga. Ihm wird es nie besonders schwer gefallen sein, Frauenbekanntschaften zu machen. Nicht ganz so einfach erging es da Michael Hoffmann in seinen Teenietagen. Aufgewachsen ist der heute 30-jährige Musiker in dem burgenländischen 2500-Seelen-Nest Mönchhof, später ging er in Wien ins Internat. Er kann sich noch gut erinnern, dass »Verlieben« und »Flirten« in seiner Jugend heikle Themen für ihn waren, noch heikler als sie in dem Alter ohnehin schon sind. Weil die Mädchen am Land »doch immer geschaut haben, ob der Typ ein Auto hat.« Hoffmann hatte nicht. Seine Mutter war zwischen dritter und sechster Schwangerschaftswoche an Röteln erkrankt, er kam vollblind zur Welt. Die Jugend in Mönchhof habe er aber genossen, sagt er, die Gemeinschaft sei dort überaus rücksichtsvoll und feinfühlig gewesen. Härter waren eher die Jahre in Wien, trotz der Unterstützung von seinem ebenfalls blinden Freund, der mit ihm ins Internat ging. »In der Stadt ist doch noch alles um eine Spur größer und deshalb auch eine Spur schwieriger.«

Irgendwann hat er begriffen: »Man muss sich generell als Blinder in der Welt der Sehenden beweisen. Du musst dich interessant machen.« In seinem Fall war es die Musik, das Gründen von Bands, sagt Hoffmann. Rückwirkend betrachtet hat ihm die Teilnahme an der Teenie-Singshow aber einen ganz anderen Gewinn gebracht: seine heutige

Partnerin und – seit März 2008 – auch die erste gemeinsame Tochter. Das Kennenlernen gestaltete sich bei Hoffmann und seiner Freundin nicht mehr schwierig. Zumindest musste der Burgenländer nach seinen freitäglichen Auftritten im Fernsehen nicht mehr klar stellen, dass er nicht sehen konnte. Seine heutige Freundin schrieb ihm eine Glückwunschkarte, die beiden trafen sich beim nächsten Auftritt von Hoffmann in ihrer Heimatstadt Graz und blieben von da an in Kontakt. »Ein Jahr später waren wir ein Paar.« Heute sind sie Eltern. Und immer noch zusammen.

Nun, nicht jeder kann auf der Bühne stehen und so seinen Partner kennen lernen. »Auch andere Hobbys können zusammenbringen«, sagt Hoffmann, als wolle er andere aufmuntern. Und fast hätte er auch noch von Vereinen gesprochen. Aber mit Vereinen ist das eben so eine Sache. Da gibt es zum Beispiel den Österreichischen Blindenverband, bei dem man ab einer Sehkraft von zehn Prozent und darunter Mitglied werden kann. Neben vielen anderen Aufgaben ist dessen oberstes Ziel, Gleichgesinnte zusammenbringen. Aktivitäten für die Mitglieder stehen im Mittelpunkt, der Faschingsball des Louis Braille-Hauses im Jänner sei ein Höhepunkt im Jahr, sagt Martin Tree vom Blindenverband. Dort hätten schon einige Beziehungen ihren Anfang genommen. Allerdings hat der Verband ein kleines Problem: der Altersschnitt ist relativ hoch, über 50 Prozent der Mitglieder sind bereits im Seniorenalter, junge Menschen werden dort schwer Anschluss finden.

Zudem muss man der Typ für solche Vereine sein – Monika Weinrichter ist das zum Beispiel nicht. Im Blindenverband ist die 39-Jährige zwar auch Mitglied, aber sie nimmt dort »fast nie« an Veranstaltungen teil. Als Kind ist sie durch eine Netzhauterkrankung erblindet, heute ist sie faktisch blind. Schon seit der Jugend hat die Wiener Sozialarbeiterin beim Demontage und Recycling Zentrum Wien fast nur sehende Freunde, sogar ihre Partner waren bisher alle – bis auf einen einzigen – sehend. »Ich mache sicher vieles, was andere Blinde nicht tun«.

Weinrichter war zum Beispiel schon einmal Model bei einer Modenschau und hat im Vorjahr an einem Hörbuchprojekt von Heike Herrmann mitgewirkt, bei dem blinde Frauen über ihre Vorstellung von Schönheit – auch die eigene – sprachen. Die blinde deutsche Autorin Jennifer Sontag hat die beiden Frauen zusammengebracht. Wo Weinrichter Männer kennen lernt? »Nicht in der Blindenschule, dort war ich nie. Ich war in der Tanzschule«. Tanzen geht sie bis heute gerne, erzählt die zweifache Mutter. Und eigentlich gern allein, da können die sehenden Freundinnen ihr keinen Mann wegschnappen. Das Bermudadreieck in der Wiener Innenstadt ist eines ihrer liebsten Ausgehviertel. Dort hat sie auch einen ihrer Partner kennengelernt. Eines ist ihr an diesen Abenden an den Bars diverser Lokale aufgefallen: »Es war immer leicht mit den Männern zu plaudern, aber es war nicht leicht zu flirten. Weil die schon immer interessiert waren an Blinden, wie das so ist und so.« Manche Männer erzählen dann plötzlich von ihren eigenen Krankheiten. »Dabei wollte ich mich doch eigentlich amüsieren.«

Sie lernt Männer am liebsten in dunklen Lokalen kennen. »Da fällt es nicht so schnell auf, dass ich nichts sehe und man kommt schneller in ein lockeres Gespräch.« Damit ist der harte Anfang schon getan.

Was sie ärgert: wenn Männer sie nicht als Frau wahrnehmen. Sie selbst zieht sich »schon gern sexy und schön an«. Sie mag ihre Haare und ihren Körper – »obwohl der schon mal schlanker und schöner war«, wie sie sagt – und ihre eigene Stimme. »Wenn ich verliebt bin, dann merke ich, wie meine Stimme besonders schön wird. Dann habe ich auch manchmal das Gefühl, dass die Haut glatter und schöner wird.«

Weinrichter ist offen und mutig. Erst vor kurzem hat sie einfach so eine Annonce in der Zeitung aufgegeben, auf die sich einige Männer gemeldet haben. Was sie verwundert hat, denn sie hat in der Anzeige auf die Sehbehinderung hingewiesen. »Und ich würde mir ja auch nicht extra jemanden im Rollstuhl aussuchen«, sagt sie. Die meisten haben ihr erklärt, »das Normale würden sie eh immer haben, sie seien neugierig auf etwas anderes«. Nur ein Mann hat die Anzeige wohl nicht so genau gelesen. Er war in ihrem Alter, lebte aber noch bei seinen Eltern auf dem Land und hatte die Sache mit der Erblindung in der Anzeige überlesen. Als er verstand, dass Weinrichter beinahe vollblind ist, war seine einzige Sorge: »Ach so, kannst du dann überhaupt kochen?«

Kennenlernen funktioniert – wie bei Sehenden – noch immer am besten im Freundes- oder Bekanntenkreis. Zumindest ist es Sanja Martinovic so ergangen. Die 17-jährige Schülerin ist seit mehr als einem Jahr mit ihrem Freund zusammen. Martinovics Eltern sind Anfang der Neunziger Jahre aus Kroatien nach Wien gekommen. Ihr Freund ist aus dem gleichen Ort wie ihre Eltern, die Familien kennen sich gut. Auch wenn das junge Paar eine Fernbeziehung lebt, basiert sie auf Respekt und Vertrauen. Dabei hat Sanja früher schon schlechte Erfahrungen mit jungen Männern gemacht. »Die Burschen hatten nicht die Reife, vielleicht hatten sie auch Angst«, sagt sie heute. Martinovic leidet an einer Augenkrankheit namens Retinitis Pigmentosa. Konkret bedeutet das: sie sieht klar, aber alles doppelt. In der Nacht ist sie vollblind. Ihr Freund hilft ihr, wo er kann. Bei Tisch im Haus seiner Familie, wenn es große Platten mit verschiedenen kleinen Speisen gibt, die Martinovic nicht sehen kann, beim Stiegen steigen, beim Ausgehen in der Disco. Er hat einmal zu mir gesagt: »Ich bin dein Auge, wenn wir zusammen sind. Das trifft es sehr gut.«

Martinovic hat auch ein Handy mit einem besonders großen Display, die Schrift stellt sie sich ganz groß ein, dann kann sie sogar SMS lesen. Schreiben kann sie die ohnehin ohne hinzusehen. Und da wäre auch schon das neueste Hilfsmittel beim Kennenlernen: das Internet. Wer jung ist, bewegt sich im World Wide Web wie ein Fisch im glasklaren Wasser. Und Blinde schwimmen da ganz vorne mit. Sie schreiben mit Hilfe der Braille-Zeile, einer speziellen Tastatur mit Braille-Buchstaben, viele aber auch mit der normalen Tastatur. Der Inhalt von Internetseiten, E-Mails oder Chat-Protokollen gelangt über eine Sprachausgabe an ihr Ohr. Das ist beinahe wie ein Hörbuch mit stets individuell besprochenem Text.

»Durch das Internet ist es viel leichter geworden, einen Zugang zu Sehenden zu erhalten«, sagt auch der Musiker Michael Hoffmann. Nicht nur in Liebes-, sondern auch in Freundschaftsbeziehungen. Helga Wanecek, 71, pensionierte Juristin, geburtsblind und sehr kommunikativ, erledigt alle Korrespondenzen mit dem Computer. Auf E-Mails antwortet sie oft innerhalb weniger Minuten. Ihre Hündin Dori hilft ihr nur außerhalb der eigenen vier Wände. Auch Martin Tree weiß, dass die Technik vieles ermöglicht. »Aber die Grundsituation ist unverändert: Hürden sind da. Es gibt nur viel mehr Möglichkeiten sie aus dem Weg zu schaffen«.

Nicht nur in der Sprache, auch in der Literatur ist das Nicht-sehen und die sogenannte Skotomaphobie, die Angst vor der Erblindung, oft Thema. Und es gibt nicht nur blinde Musiker, sondern auch Schriftsteller. Einer der berühmtesten ist mit Sicherheit der Argentinier Jorge Luis Borges. Er verlor sein Augenlicht mit 56 Jahren, benötigte später einen »Vorleser«, wurde aber dennoch zum Direktor der Nationalbibliothek von Buenos Aires ernannt.

Die wahre Geschichte der blinden Pianistin und Komponistin Maria Theresia Paradis, die 1759 als Tochter eines

Staatsbeamten in Wien geboren wurde, hat viele Literaten fasziniert. Der österreichische Autor Gerhard Roth erzählt von ihr im Kapitel über das Blindeninstitut in seinem jüngsten Buch »Die Stadt – Entdeckungen im Inneren von Wien« (S. Fischer). Es heißt, die junge Frau, die zu Mozarts Zeiten sehr bekannt war, wurde von dem Arzt und gern als »Wunderheiler« bezeichneten Franz Anton Mesmer kurzfristig von ihrer Erblindung befreit. Bei Gerhard Roth kommt dieser Mesmer vor, Alissa Walser, die Tochter des Schriftstellers Martin Walser, widmet der Beziehung zwischen ihm und Paradis gleich einen vielseitigen, ihren ersten, Roman. Was man sich auch erzählt: die beiden verband bis ans Ende ihrer Tage eine innige Liebesgeschichte.

2. »Der Sehsinn wird im Zwischenmenschlichen sehr überschätzt« – Von der Kunst, sich zu Verlieben.

Zuerst kommt immer die Stimme. Wer einen Blinden fragt, worauf es beim Verlieben ankomme, hört als Antwort immer: auf die Stimme. Sie ist für Nichtsehende das Tor in die Welt ihres Gegenübers. Sie kann einem blinden Menschen innerhalb weniger Sekunden sagen, ob die dazugehörige Person sympathisch, liebenswürdig oder unmöglich ist. Die Ohren sind die Augen der Blinden. Die Hände sind es nur begrenzt, denn wer hat schon den Mut (und die Lust?), jeden Erstbesten anzugreifen, wahllos abzutasten. Das Gehör ist bei Nicht-Sehenden jedenfalls aufs Allerbeste geschärft

17

– solange nicht ein störendes Geräusch, ein Ton, Musik, die interessanten Töne überlagert.

Discos mag Sanja Martinovic genau deshalb nicht. Weil sie dort nachtblind ist und im Dunkeln nichts mehr sieht und nicht mehr hört, was die anderen sagen. Ihre Freunde lachen, werfen sich Blicke zu und sie habe dann »irgendwie immer nur Spaß mit mir allein«, sagt sie. Eines kann die um fast zwanzig Jahre ältere Monika Weinrichter nicht verstehen: »Die Leute glauben oft, man hat als Blinder keine Vorurteile«. Ein Blödsinn sei das. »Schon allein an der Stimme und Sprache hört man, ist das ein Prolet oder ein Sandler«, sagt sie. Auch Blinde haben ihre Schubladen.

Michael Hoffmann glaubt an die Kraft der Stimme. Als Sänger muss er das wohl auch. »Und bei uns stimmt das, was die Sehenden so gerne von sich behaupten, tatsächlich: die inneren Werte, der Charakter zählt.« Sanja Martinovic sieht das ein bisschen anders. Sie hat in ihrer Schule, dem Bundesblindenerziehungsinstitut in der Wiener Leopoldstadt, Unterschiede zwischen geburtsblinden und sehschwachen Menschen entdeckt. »Blinde sind nicht so offen beim Kontakte knüpfen, die gehen mehr auf die inneren Werte. Bei Sehbehinderten ist das wieder etwas anderes – wir sind offener.« Darum habe es bei ihr schon eine Rolle gespielt, wie ihr Freund gebaut ist. Auch wenn sie nicht viel sieht, sagt sie: »Ich weiß, wie mein Freund aussieht.«

Geburtsblinde Menschen wissen das nicht. Farben, Formen, alltägliche Gegenstände haben sie noch nie gesehen.

Da sind Haar- oder Augenfarben nicht von großer Relevanz, eher schon wie dicht oder stark das Haar sich anfühlt, wie zart die Haut ist. Geruch geht ohnehin vor Aussehen. Zumindest sieht das die Psychotherapeutin Heike Herrmann so. Und die Wissenschaft gibt ihr da Recht. »Es ist wissenschaftlich erwiesen, dass wir uns unsere Partner nach dem Geruch aussuchen. Der Sehsinn wird im Zwischenmenschlichen völlig überschätzt«.

Wie sich Blinde Farben vorstellen, das hat der italienische Autor Carlo Lucarelli in Worte gefasst. Sein viel zu wenig beachteter Kriminalroman »Der grüne Leguan« (DuMont) erzählt von Simone, einem 25-jährigen jungen Mann, der von Geburt an nichts sieht und nur mit seinem exzellenten Gehör einen Serienmörder aufspüren kann – und sich dabei in die ehrgeizige Polizistin Grazia verliebt. In einem inneren Monolog spricht Simone zum Leser. Farben ordnet er Geräuschen zu, nach dem Klang der Aussprache. »Azur zum Beispiel, mit diesem Z in der Mitte ist die Farbe von Zucker, Zebras und Zikaden. Wälder, Wege und Wölfe sind violett, und Gelb ist durchdringend wie ein heller Schrei. Schwarz kann ich mir zwar beim besten Willen nicht vorstellen, doch ich weiß, dass es die Farbe des Schlafes ist, des Schattens, der Leere. (...) Dagegen sind alle Farben, die mit B anfangen, bildschön. Wie blaß oder blond. Oder blau, blau ist wunderschön. Deshalb müsste zum Beispiel ein schönes Mädchen, wenn es wirklich schön sein soll, blasse Haut und blondes Haar haben. Ein bildschönes Mädchen aber hätte blaues

Haar.« Beim ersten Geschlechtsverkehr mit Grazia beschreibt Lucarelli »die rosa Rundung ihrer Brüste und die azurblauen Spitzen ihrer Brustwarzen«. Simone sagt zu Grazia aber auch: »Du bist ein Geruch. Ein Klang. Du bist du«. Der Sex ist für Blinde, erzählen viele, ein besonders intensives Erlebnis. Weil die verbleibenden Sinne so besonders geschärft werden, der Geruchs- und vor allem der Tastsinn hier ganz stark gefragt sind.

Riechen, Hören, Tasten – damit kommt der Nichtsehende an andere Menschen und letztlich an seinen Partner heran. Vor allem Jüngere geben allerdings zu, dass sie sich doch gerne bei sehenden Freunden erkundigen, ob der gefundene Wunschpartner denn nach objektiven Kriterien auch »was hermacht«. Ein kleiner Gegencheck wird ja noch erlaubt sein.

3. »Viele lassen sich so unterdrücken«: Von der Kunst, zusammenzubleiben.

Eine Statistik gibt es nicht. Nicht einmal Schätzungen lassen sich anstellen, ob Blinde öfter Beziehungen mit ebenfalls Blinden oder Sehenden eingehen. Und so schätzt eben jeder vor sich hin. Die Psychotherapeutin Heike Herrmann glaubt an Blinde im Doppelpack, die Wiener Sozialarbeiterin Gabriele Nowotny kennt dafür wieder mehr »gemischte« Paare, Helga Wanecek glaubt auch eher an doppelt-blinde Paare. Sie hat vermutlich die meiste Erfahrung in Sachen Beziehungen mit ihren 70 Jahren. Sehr reichhaltig sei ihr

Liebesleben ja nicht gewesen, sagt Wanecek zu Beginn des Gesprächs. Aber reden will sie trotzdem gerne darüber. Obwohl sie später auch noch spitz sagt: »Wenn's nichts zu schreiben haben, dann schreiben's halt über Behinderte.« Sie meint die Journalisten. Das sagt sie, nachdem sie von jenem Mann erzählt, der ihr in jungen Jahren gut gefallen hätte. Das war im Jahr 1958. »Damals gab es eine Fernsehsendung«. Und der Moderator wollte mit ihr ein Interview machen. »Der war ein sympathischer Reporter, da habe ich mir schon gedacht, wenn der mit mir ausgehen würde, würde ich nicht Nein sagen.« Daraus ist nichts geworden. Aber ihre große Liebe hat die Helga dann doch bekommen. Den Herrn Hofrat. Den Ottokar. Ihren ersten und einzigen Ehemann.

Kennengelernt hatte sie den schon in ihrer Jugend, die auf eine alles andere als schöne Kindheit gefolgt war. »Ich war eher das Unglück der Familie. Ich war ein unerwünschtes Kind und noch dazu im Krieg, da war es gar nicht gut ein behindertes Kind zu haben, überhaupt für den Vater. So ist der sehr bald von uns weggegangen«, erzählt sie und fügt nach einem Seufzer und einem traurigen »Naja« noch hinzu: »Wenn man nicht so viel Liebe kriegt, gibt man auch nicht so viel weiter.«

Sie habe sich ihr Leben lang alle Männer, die ihr gefallen hätten »ganz genau angeschaut – mit dem inneren Auge, weil ich allein leben wollte«. Außerdem sei es damals nicht einfach gewesen, alleinerziehende Mutter zu sein, sie habe deshalb immer Angst vor einer Schwangerschaft gehabt. »Es gab einige verheiratete Männer, die ein Kind mit mir gewollt hätten, weil ihre Frau keines bekommen konnte. Aber ich habe mir immer nur gedacht: Alles, nur kein Kind.«

Helga war Einzelkind, 1938 genau zu Kriegsbeginn geboren, die Mutter führte ein Café an der Oberen Weißgerberlände am Donaukanal. Die Tochter lernte ordentlich in der Schule, holte nebenberuflich die Matura an der Abendschule nach und absolvierte schließlich neben ihrem Job in der Pensionsversicherung ein Jusstudium in Mindestzeit. Oft mit Hilfe von Vorlesemädchen, die sich ein Zubrot verdienen wollten und ihr die Lehrbücher vorlasen oder auf Kassetten sprachen. Der »Herr Wanecek«, ihr späterer Mann, war um 47 Jahre älter als sie und schon verheiratet, als sie ihn kennenlernte. Er war Pädagoge und beschäftigte sich intensiv mit der Förderung von Blinden.

Er und Helga mochten sich auf Anhieb. Zuerst blieb es aber eine höflich-distanzierte Lehrer-Schülerin-Beziehung. Er und seine Frau finanzierten Helga das Kinderfreundelager im Sommer oder bezahlten ihre Lehrbücher. Erst am Ende ihrer Zwanziger Jahre, nachdem seine Ehefrau plötzlich verstorben und er sehr einsam war, fanden die beiden zueinander. Sie heirateten im Februar 1968, ihre Mutter war dagegen, weil er so alt war. Helga war das egal. Er war so fürsorglich und gescheit. Er half ihr, Bewerbungen zu schreiben, sie erstellten gemeinsam Gutachten, in denen angeführt war, welche Berufe Blinde in anderen Ländern bereits ausübten (blinde Richter gibt es in Österreich bis heute nicht). Später kauften sie eine Waschmaschine, kurz darauf sogar einen Zweitwohnsitz am Stadtrand.

Viel Zeit blieb den beiden aber tatsächlich nicht – er starb kurz nach dem zehnten Hochzeitstag an Darmkrebs. »An seinem letzten Geburtstag hat er gesagt, er sei vom Hausmeisterbuben zum Hofrat geworden und sein drittes H sei ich, die Helga«. Seit ihr Mann gestorben ist, hat Helga Wanecek fünf Blindenhunde gehabt, Dori ist die sechste. Wanecek ist aktiv, seit ihrer Pensionierung im Jahr 1999 ist sie in einem kleinen Verein tätig, bei den Freunden der Rehabilitationshunde. Kurz vor unserem Treffen war sie Statistin in einer Folge der Krimiserie »Soko Donau«. »Langweilig ist mir nie«, sagt sie. Trotzdem war sie nach dem Tod ihres Mannes sehr unglücklich. Doch der hatte ihr kurz vor seinem Ableben gesagt: »Versprich mir, dass du dich nicht umbringst.« Daran hat sie sich gehalten. Die stärkste Erinnerung an ihn, dem sie nie in die Augen sehen konnte, ist die an seine Hände. »Er hatte so grundgütige Hände. Wenn er seine Hand auf mich gelegt hat, war ich beruhigt. Und er war ein großer Optimist.«

Eine so enge und vor allem innige Beziehung hat Wanecek nach der Zeit mit ihrem Mann nicht mehr erlebt. Dafür half ihrem ehemaligen, blinden Schulkollegen Martin mit seinen zwei halbwüchsigen Kindern, als dessen ebenfalls blinde Frau mit einem anderen Mann durchbrannte. Die drei wurden zum Familienersatz. Eine alles andere als leichte Familie, allerdings. Der Sohn Otmar war kriminell und saß eine Zeit lang im Gefängnis, der Vater erlitt drei Schlaganfälle und wurde faul und behäbig. »Wie viele Blinde, die glauben, andere tun alles für sie«. Zu Tochter Martina hat sie bis heute ein gutes Verhältnis. Irgendwann beschloss sie, sie wolle wieder ein eigenes, selbstbestimmtes Leben und nicht die Pflegerin für einen anderen Mann spielen. »Dann gab's da auch einen Kollegen im Sozialministerium, der hatte eine autistische Tochter, mit dem habe ich mich leider zu gut verstanden«, sagt sie und kichert wie ein junges Mädchen. Sieben Jahre lang sind die beiden immer wieder ausgegangen. Er war aber verheiratet, irgendwann löste er die Liaison.

Seit sie selber nicht mehr in einer fixen Beziehung ist, fällt ihr noch besser auf, wie die Menschen in ihrer Umgebung Partnerschaften, Ehen, Affären leben. »Viele lassen sich so unterdrücken«. Helga Wanecek kennt eine Menge behinderte und blinde Menschen durch ihre wohltätige Arbeit. Darunter auch ein Mädchen mit einer spastischen Lähmung. Deren Vater sagte schon als Kind oft zu ihr: »Wenn der Hitler noch wär', würdest du nicht mehr leben«. Die junge Frau habe nie Selbstbewusstsein erlangt und denke bis heute, Liebe sei eine Form von Missbrauch, sagt Wanecek. »Alle Männer haben immer nur ein Objekt in ihr gesehen.«

Auch Helga Wanecek hatte eine Zeit lang eine lose Beziehung zu einem Mann, der es auf ihr staatliches Stützgeld abgesehen hatte. Das war kurz vor ihrer Beziehung mit ihrem Mann Anfang der Sechziger Jahre. Erst von anderen erfuhr sie, dass er ein Alkoholproblem hatte und keine Arbeit mehr fand. Er hatte ein Auto, das habe ihr damals schon gefallen, gibt sie zu. Und wenn er sie von ihren Rechtskursen abgeholt hat, hatte er immer »Die verschwundene Miniatur« von Erich Kästner dabei. »Aber er ist nie weitergekommen, weil er dabei immer so viel denken musste«, erinnert sich Helga. »Und seine Briefe, die waren erst blöd.« Als sie ihm schließlich erklärte, dass sie den Kontakt beenden wolle, sei er explodiert und habe geschrien, wenn sie ihn nicht wolle, dann soll sie auch kein anderer bekommen, er werde sie mit Säure überschütten. »Und ich war insgeheim froh, weil ich wusste, genau solche gewalttätigen Menschen brauche ich nicht, die kannte ich schon aus meiner Kindheit im Kaffeehaus«.

Helgas Geschichte ist eine, die weit in die Vergangenheit reicht. Erst hier wird aus heutiger Sicht klar, wie viel sich für Blinde getan hat. Auch wenn es heute viele selbständige und selbstbewusste Blinde gibt, darf man nicht vergessen, dass unter ihnen auch solche sind, die sich allzu leicht in Abhängigkeiten begeben, aus Angst, sonst allein zu bleiben.

Die positiven Beispiele, wie die Beziehung von Michael Hoffmann oder die junge Liebe von Sanja Martinovic, zeigen aber auch, dass Partnerschaften zwischen Sehenden und Blinden sich kaum von rein sehenden Partnerschaften unterscheiden. »In erster Linie sind die Probleme in Beziehungen dieselben«, sagt Martin Tree vom Blindenverband. »Blinde Menschen brauchen natürlich Routine, eine gewisse Ordnung, Türen müssen immer an der selben Stelle geöffnet oder geschlossen bleiben, Geräte in der Küche immer am selben Ort stehen«, sagt Sozialarbeiterin Gabriele Nowotny. Wen das in einer Beziehung oder in einem Haushalt mit Familie eingespielt sei, dann würde sich die Beziehung nicht mehr sehr von »normalen« unterscheiden. Natürlich, das Verhältnis zwischen helfen und den anderen machen lassen sollte ausgewogen sein. Für Beziehungen schwieriger sei es sicher, so Nowotny, wenn die Sehbehinderung erst im Alter auftritt. Wenn also längst eingespielte Abläufe im Alltag vollkommen neu erlernt werden müssen. Da können auch Beziehungen zerbrechen. Und wieder neue entstehen. Und natürlich: Nichtsehende Menschen können alles. Sich verlieben und wieder entlieben, sich streiten, dass die Fetzen fliegen, fremdgehen und danach reumütig zurückkehren. Weil ehrlich, wie könnte das auch anders sein?

Wut

Magda Woitzuck

Toph legte sich auf die nackte Erde. Sie war warm und rau, Steinchen bohrten sich in ihren Rücken. Sie zog den Rock hoch. Er legte sich auf sie, vorsichtig, sie spürte seinen Atem an ihrer Wange vorbeistreifen, seine Hände neben ihren Schultern. Sie öffnete die Beine.

»Willst du das wirklich?«, fragte er noch einmal, zögerlich.

»Ja«, sagte sie.

»Jemand könnte uns dabei sehen«, sagte er, sie spürte einen Schweißtropfen von seinem Bauch in ihren Nabel fallen. Es kitzelte.

»Das ist mir egal«, kicherte sie. Er setzte sich auf.

»Mir ist es nicht so egal.«

»In Puerto Madryn hat es dir auch nichts gemacht.«, flüsterte sie.

»Das war etwas anderes.« Er klang verstimmt. »Das war im Wasser, die einzigen, die etwas mitgekriegt haben, waren die Wale.«

Der Wind raschelte durchs Gras. Er drehte den Kopf.

»Ich habe gestern etwas im Reiseführer gelesen«, sagte er.

Sie stützte sich auf ihre Ellbogen, das Gesicht in seine Richtung gewandt.

»Wirst du es mir sagen?«, fragte sie schließlich.

»Ich habe gelesen, dass Löwen ein außerordentlich gutes Richtorgan haben. Was ich sagen will: Was, wenn die uns riechen können, du weißt schon, unsere Säfte?«

»Du meinst, sie kriegen Appetit, wenn sie unseren Sexgeruch in die Nase kriegen?«

»Genau das meine ich«, sagte er. Er bewegte sich, und sie spürte, dass sein Ding klein und schrumpelig war, als es die Innenseite ihres linken Oberschenkels berührte.

»Du hast Schiss!«, stellte sie erstaunt fest.

»Und was für einen«, antwortete er. »Du hast sie nicht gesehen«, fuhr er fort. »Sie sind schon verdammt groß, und ihre Tatzen…«

»Mich würden eher die Zähne beunruhigen«, sagte Toph. Sie setzte sich auf. »Die müssen riesig sein.«

»Sind sie auch«, sagte er. Er stand auf und griff nach ihrer Hand. »Der Safari-Fick wird nichts«, sagte er und zog sie hoch. »Ohne mich, sorry.«

»Du bist so ein Weichei.« Sie zog sich ihr T-Shirt zurecht.

Enttäuscht riss sie einen der Halme neben sich aus.

»Wir müssen da lang«, sagte er und ging los. Sie spielte mit dem Halm.

»Welche Farbe hat er?«

»Rate«, sagte er.

»Grün?«

»Beinahe.«

»Gelb?« Sie knickte ihn zwei, drei Mal mit den Fingern

ihrer freien Hand.

»Richtig«, sagte er. »Da ist ein Stück Holz. Großer Schritt.«

Als sie beim Abendessen saßen, kam einer der Führer an ihren Tisch. Er wünschte einen guten Abend, bevor er höflich fragte, ob er kurz Platz nehmen dürfe.

»Klar«, sagte Toph, spießte ein Broccoliköpfchen mit beeindruckender Zielsicherheit auf ihre Gabel und schob es sich in den Mund.

»Sie haben heute am Nachmittag das Resort verlassen und sind in das freie Gelände gegangen«, sagte der Führer. Er wischte sich mit der Hand über seine schweißnasse Glatze. »Das ist nicht nur verboten, sondern vor allem ist es sehr gefährlich, verstehen Sie?«

Toph und Arnand schwiegen betreten. »Wegen der Geparden und der Löwen«, sagte er. »Außerdem stören Sie damit die Tiere und so das Ökosystem.«

»Entschuldigung«, sagte Arnand.

»Der Gepard ist tagaktiv, im Gegensatz zu den Löwen«, sagte der Führer. »Er jagt alleine. Dabei pirscht er sich an seine Opfer auf etwa 50 Meter heran, bevor er loslegt. Er erreicht eine Geschwindigkeit von etwa 110 Stundenkilometer, und unter den Katzen ist er sehr erfolgreich, er erwischt zirka 70 Prozent von den angesteuerten Objekten. Die anderen 30 Prozent entwischen, weil sie auch schnell sind. Der Mensch ist das nicht«, sagte er ganz ruhig. »Und ich bin mir sicher, selbst wenn der Mensch es wäre: Gute Frau, Sie sind blind. Das ist dem Gepard aber egal. Sie schmecken dadurch nicht schlechter.«

Dann verstummte er, blickte zuerst zu Toph, dann zu Arnaud.

»Wow«, sagte Toph schließlich ehrfürchtig.

»Alles klar?«, sagte der Führer und erhob sich langsam.

»Klar wie Kloßbrühe«, antwortete Arnand demütig.

»Na dann«, sagte der Mann und ging.

»Und du machst dir Sorgen wegen eines beschissenen Löwen!«, zischte Toph, als sie sicher war, dass sich der Mann außer Hörweite befand, »Dabei gibt es solche Tiere! Wofür hast du denn Augen? Wofür hab ich dir den blöden Reiseführer denn gekauft?«

»Entschuldigung«, zischte Arnand zurück, »es ist ja nicht so, dass ich absichtlich darauf gesetzt habe, dass du von einem Geparden gefressen wirst, während wir da draußen zugange sind!«

Toph legte ihre Gabel beiseite und griff nach dem Glas Rotwein.

»Was heißt da, ich schmecke nicht schlechter als Sehende«, murmelte sie. »Soll mich das etwa glücklich machen?«

Arnand musste plötzlich kichern.

»Was lachst du so blöd«, sagte Toph und nahm einen Schluck.

»Ich würde das Mistding nicht einmal kommen sehen«, grunzte sie.

Jetzt lachte er. »Ich würde das einen Vorteil nennen«, sagte er. »Dann könntest du selig beim Sex sterben und wüsstest nicht einmal, was dir da passiert ist.«

»Du bist ein Arschloch, Arnand«, sagte sie, musste aber lächeln.

»Wer wollte denn einen Freiluft-Safari-Fick?«, antwortete er.

Sie schwieg, er schenkte ihr nach. Dann stießen sie an.

Sie lagen nebeneinander im dunklen Hotelzimmer.

»Erklär es mir noch einmal«, sagte Toph und berührte mit ihrer Hand seinen Bauch. Er hatte den Arm um ihre Schultern gelegt.

»Wir gehen morgen am späten Abend in die Tauchschule«, sagte Arnand. »Du weißt schon, das Becken, in dem man lernt. John hat gesagt, er wird dafür sorgen, dass keiner da ist. Wir haben den ganzen Pool für uns.«

»Ok«, sagte Toph.

»Dann ziehen wir uns das ganze Zeug über, die Flaschen und so, und gehen hinunter«, fuhr er langsam fort. Mit Zeige- und Mittelfinger imitierte er die Beinbewegung beim Flossenschlag. »Und kaum sind wir am Boden angelangt, legen wir los.«

»Und der Sauerstoff wird reichen?«, fragte Toph.

»Natürlich«, antwortete Arnand. »Außerdem sind wir ja nicht tief unten. Gibt es ein Problem, dann können wir gleich wieder auftauchen.«

Toph schüttelte den Kopf.

»Ein bisschen Angst habe ich schon«, sagte sie schließlich und rückte näher an ihn heran.

»Ich werde auf dich aufpassen«, sagte Arnand.

»Es gibt keine Geparde unter Wasser, ich habe mich erkundigt.«

Toph lachte.

»Aber Haie«, sagte sie.

»Nicht hier in diesem Gebiet«, sagte Arnand mit tiefer Stimme. »Glauben Sie mir, Fräulein.«

»Wir werden uns gar nicht küssen können«, sagte sie schließlich.

»Aber wir werden uns mit unseren Körpern küssen können«, sagte Arnand.

»Wie hat John reagiert, als du ihn gefragt hast, ob wir das machen können?« Toph drehte ihren Kopf zu Arnand.

Er strich ihr über das Gesicht.

»Er hat gesagt, dass sie die ganze Zeit so Zeug machen und für einander Wache halten«, lachte er. »Die streiten sich um die Samstagabende.«

»Lüge«, sagte Toph ungläubig.

Sie lagen eine Weile schweigend da, jeder hing seinen Gedanken nach, die im Flapsen des Ventilators untergingen. Von der Straße hörte man plötzlich freudiges Gejohle, die Nacht war nicht mehr jung, aber auch noch nicht zu alt.

»Lust auf einen Drink?«, fragte Arnand.

»Ein Bier geht immer«, antwortete Toph und wälzte sich aus den Laken. Mit der Hand tastete sie den Boden nach ihrer Unterhose ab.

»Ich hab sie«, sagte Arnand und drückte sie Toph in die Hand.

»Was täte ich bloß ohne dich«, seufzte Toph theatralisch.

»Du würdest nur länger suchen.«

Arnand ging ins Bad. Toph hörte, wie Wasser in der Dusche anfing zu laufen.

»Feigling«, flüsterte Toph zärtlich und wühlte sich durch ihren Koffer. Sie suchte das Top mit der Spitze an den Ärmeln, das Arnand für sie ausgesucht hatte, in dieser kleinen Boutique in Paris. Das Wasserrauschen verklang, die Schiebetür bewegte sich.

»Du bist schön«, sagte er und fuhr ihr wieder über das Gesicht. Sie konnte die Seife riechen, spüren, dass er noch nicht ganz trocken war.

»Immer?«, fragte sie

»Immer«, sagte er.

»Du bist auch schön«, sagte Toph.

»Immer?«, fragte Arnand.

»Immer«, antwortete Toph.

»Ihre Frau ist blind«, sagte der Ranger und schob den überdimensionierten Kaugummi in die andere Backe, ohne dabei das Kauen zu unterbrechen.

»Danke für den Hinweis«, antwortete Arnand. Er klang wütend. Toph saß auf einer Bank vor der Blockhütte der Parkaufsicht. Ihre Füße steckten in Wanderschuhen und der

Rucksack lehnte neben ihr an der Holzwand. In der Hand hielt sie eine halbvolle Wasserflasche. Die feuchten Locken klebten ihr an der Stirn.

»Sag ihm, dass ich auch taub bin«, sagte Toph zu Arnand. Der Ranger wandte den Kopf nach ihr.

»Nichts für ungut«, sagte er, »aber was bringt Ihnen denn eine Wanderung durch die Rockies, wenn Sie ohnehin nichts dabei sehen?«

»Wofür haben Sie eigentlich ein Gehirn, wenn sie es nicht benützen?«, wollte Toph wissen.

»Toph«, sagte Arnand, »das bringt nichts.«

»Das ist doch reine Platzverschwendung! In so einem Schädel könnte man eine Menge Sand verstauen, zum Beispiel.«

»Es ist nicht meine Schuld, dass Sie behindert sind«, sagte der Ranger. »Also schnauzen Sie mich nicht an.« Der Kaugummi wanderte wieder zurück.

»Ich kann Sie nicht in den Park lassen«, sagte er. Es klang endgültig.

Toph stand auf.

»Steht das in den Statuten? Keine Hunde und keine Blinden?«

»Und keine Frauen, die ihre Periode haben«, sagte der Ranger. Er griff sich an den Hut und rückte ihn zurecht.

»Wegen der Bären«, fügte er hinzu.

»Bären«, sagte Toph. »Welche Bären?«

»Und weil die Wege schwierig sind.«

Toph drehte wütend den Kopf.

»Von welchen Bären redet der Schwachkopf?«, schnauzte sie in Richtung Arnand.

»Grizzlys«, sagte Arnand, »glaube ich.«

»Und deswegen kann ich Sie hier nicht durchlassen«, sagte der Ranger. »Wie wollen Sie denn einem Bären entkommen?«

»Will mir der Arsch sagen, dass ich zwar blind bin, aber deshalb nicht schlechter schmecke?«, schrie Toph, »Will er mir das sagen?«

»Hören Sie auf zu schreien«, sagte der Ranger, er griff nach Tophs Oberarm.

»Sie sagen mir nicht, wann ich aufhören soll zu schreien!«, schrie Toph, bevor sie ausholte und ihre Faust auf der Backe des Rangers landete, auf der, in der der Kaugummi gerade nicht war. Es klatschte. Dann war es still.

Mit einem Mal wurde das Summen der tausend Fliegen überlaut.

»Haben Sie mich gerade geschlagen?«, fragte der Ranger. Er hielt sich die Backe und spuckte aus. Kleine Blutstropfen zerplatzten auf den Planken der Veranda. Den Kaugummi schien er vor Schreck verschluckt zu haben.

»Sieht wohl so aus«, stellte Toph nüchtern fest. »Obwohl ich es nicht gesehen habe«, setzte sie nach.

»Blutet er?«, fragte sie Arnand, der mit einem sehr unglücklichen Gesichtsausdruck daneben stand.

»Er blutet«, sagte er.

»Es tut mir wirklich leid«, sagte Arnand und versuchte, die Hand beruhigend auf den Unterarm des Rangers zu legen. »Lassen Sie mich mal sehen.«

»Finger weg«, sagte der Ranger sehr leise. Es klang bedrohlich. Arnand zog die Hand zurück.

»Gehen wir«, sagte Toph und bückte sich nach dem Rucksack.

Arnand nahm ihre Hand und zog Toph hinter sich die Stufen des Blockhauses hinunter.

»Ich werde Sie anzeigen«, sagte der Ranger.

»Und was sagen?«, schnauzte Toph über die Schulter, »dass eine blinde Frau Sie geschlagen hat?«

Der Ranger sagte nichts. Er spuckte wieder aus.

»Das lasse ich mir nicht gefallen!«, rief er den beiden hinterher. Arnand beschleunigte seinen Schritt.

»Langsam«, sagte sie wütend, »ich bin blind.«

Arnand sperrte den Wagen auf.

»Er kommt uns nach«, sagte er.

Toph rutschte auf den Beifahrersitz und schüttelte die Hand, mit der sie den Ranger geschlagen hatte, sie schien ihr weh zu tun. »So ein Idiot«, sagte sie. Arnand startete den Wagen und setzte hastig zurück, bevor er den Hebel in die Drive-Position schob und Gas gab.

»So entkomme ich einem Bären«, sagte Toph.

Arnand sagte nichts.

Erst als sie die Interstate erreicht hatten, sagte er: »Sowas kannst du nicht mehr bringen, Toph.«

Sie sagte nichts.

»Ich muss dir vertrauen können«, fuhr er fort. »Ich muss wissen, dass du so etwas nicht machst. Das kann uns in wirkliche Schwierigkeiten bringen.«

Toph blieb still. »Was weißt du schon von Vertrauen«, sagte sie nach einer Weile.

Sie fuhren schweigend zu ihrem Hotel. Als sie in ihrem Zimmer waren, legte sich Toph voll angezogen aufs Bett. Arnand setzte sich auf seine Seite der Matratze.

»Ich weiß auch viel über Vertrauen«, sagte er und fing an, sich die Schuhe auszuziehen.

»Reden wir darüber«, sagte Toph.

»Ich habe keine Lust«, sagte Arnand. Dann ging er duschen.

Sie hatten sich im Park kennen gelernt, vor zwei Jahren. Toph war 18 gewesen, bildhübsch, dunkle Locken hochgesteckt am Hinterkopf, ein kurzer Rock und ein Hemd dazu, flache weiße Schuhe. Sie war mit ihrer Mutter auf einer Bank gesessen und sie hatten sich gestritten. In ihren Händen hatte Toph eine Cola-Flasche gehalten, aus der ein Strohhalm ragte.

Sie war Arnand aufgefallen, so wie sie jedem Mann auffiel, der sie sah. Sie war jung und sie war schön, gut gewachsen, Schwanenhals. Ein gerades Gesicht mit großen Augen, einer leicht gebogenen Nase und großen Lippen. Arnand hatte nicht wirklich zugehört, worüber sich Mutter und Tochter so stritten, ein paar Mal fielen die Worte »Jähzorn«

und »Beherrschung«, aber es hatte ihn nicht sonderlich interessiert. Es waren die Beine des Mädchens, die seine Aufmerksamkeit erregten.

Er war im Schatten eines Baumes gelegen, immer wieder war er eingedöst, wurde wieder geweckt, durch einen Schrei der Kinder, die weiter hinten Fußball spielten, durch eine Hupe hinter den Grenzen des Parks, durch den Streit der beiden Frauen, durch die Beine der Jüngeren, die ihn ab dem Moment wach hielten, in dem er sie gesehen hatte.

Für einen Moment schloss er die Augen. Ein spitzer Schrei ertönte von der Bank, im gleichen Augenblick zerplatzte etwas mit unglaublicher Wucht auf seiner Stirn. Der Schmerz durchfuhr ihn mit einer solchen Intensität, dass er aufschrie, sprudelnde Flüssigkeit lief ihm über das Gesicht, er hob die Hände und versuchte, die Augen zu öffnen, nur kurz dachte er, es sei sein Blut, dann bekam er es in den Mund, es schmeckte süß, es schmeckte nach Cola, und er verlor die Besinnung. Das Letzte, was er hörte, war ihr Name: »Toph«.

»Du kannst nicht einfach wild um dich schlagen oder werfen«, sagte Tophs Mutter, »bloß weil du gerade zornig bist.«

»Wer sagt das?«, fauchte Toph, »Wer sagt, dass ich das nicht kann?«

»Das sagt die Achtung vor den anderen Menschen«, antwortete die Mutter.

»Und alle anderen dürfen?«, schnauzte Toph.

»Nein«, sagte die Mutter. »Keiner darf das.«

»Ich gestatte es mir«, sagte Toph und klang dabei sehr überheblich. »Du wirst schon sehen«, sagte sie, stand auf und schmiss mit voller Wucht die Cola-Flasche von sich, in die Richtung, die ihr richtig erschien.

»Siehst du?«, sagte Toph, »wenn ich wütend bin, schmeiße ich nun mal um mich. Das ist eben mein …«, aber sie kam nicht dazu, das Wort »Charakter« zu sagen, denn ein spitzer Schrei ihrer Mutter unterbrach ihren Satz, »Toph!«, schrie die Mutter. Dann sprang sie von der Bank und verschwand im Laufschritt, zuerst über den Weg, dann wurden die Schritte von der Wiese gedämpft.

»Wohin gehst du?«, rief Toph überrascht, sie konnte spüren, wie der Zorn in ihr wieder anfing zu kochen, der Wurf hatte ihn nur kurz beruhigt.

Arnand kam erst wieder im Rettungswagen zu sich.

»Wo bin ich?«, fragte er den jungen Sanitäter, der neben ihm saß.

»Ist alles in Ordnung«, sagte der. »Ist nicht so schlimm. Fühlen Sie sich schwindelig?«

Arnand schüttelte zuerst den Kopf, dabei durchfuhr ihn der Schmerz, dann nickte er. Er drehte den Kopf auf die Seite.

»Mir ist nicht gut«, sagte Arnand.

»Keine Sorge«, sagte der Sanitäter, »das kriegen wir im Nu wieder hin.«

Arnand schloss die Augen.

Gehirnerschütterung, Platzwunde über dem rechten

Auge, mit sechs Stichen genäht. Augenbrennen durch eine Mischung aus Coca-Cola und Blut. Kopfschmerzen.

Arnand lag in einem weißen Bett und starrte an die gegenüberliegende Wand. In seinem Schädel pochte es. Es wurde lauter, er stellte fest: Es war nicht mehr nur in seinem Kopf, sondern an der Tür. Da stand sie, diese Toph, mit einem weißen, langen Stock in der Hand, ihre Mutter stand hinter ihr.

»Wo ist er?«, fragte das Mädchen.

Er bewegte sich, dachte, was das alles zu bedeuten hätte, war sie denn etwa blind?, dachte er.

Sie drehte den Kopf nach dem Rascheln des Lakens und trat einen Schritt in den Raum.

»Es tut mir leid«, sagte sie. Er blickte zwischen der Mutter und ihr hin und her.

»Die Cola-Flasche«, fügte sie erklärend hinzu und kam näher an sein Bett heran, vorsichtig; der Stock wanderte beständig von links nach rechts und wieder zurück. Schließlich hatte sie das Fußende erreicht.

»Tut es sehr weh?«, fragte sie.

Er versuchte, in ihre Augen zu sehen.

»Sie sind blind«, stellte er voller Verwunderung fest. Wut regte sich plötzlich in ihm.

»Warum werfen Sie Dinge durch die Gegend, obwohl Sie nichts sehen?«

Sie tastete sich am Bett entlang, bis sie näher bei seinem Kopf stand. Dann beugte sie sich nach vor.

»Ich werde manchmal sehr wütend«, antwortete sie einfach. Ihr Gesicht war jetzt näher an ihm dran. Er suchte wieder in ihren Augen.

»Das ist kein Grund, einfach um sich zu werfen«, sagte er, »Das darf keiner machen. Sehen Sie nur, was Sie getan haben!« Er hob seine Hand an die Stirn, ein Stück Mullbinde klebte über der Braue, die Stirn war blau und geschwollen. Noch würde es ein paar Tage dauern, bis die Schwellung von der Stirn weiter nach unten wandern und den Augenbereich bläulich verfärben würde.

»Ich kann es nicht sehen«, sagte sie, »Ich könnte es nur durch Berührung sehen.«

Er blickte sie zweifelnd an.

»Sind Sie gerade wütend?«, fragte er.

Sie richtete sich wieder auf, legte beide Hände um den Griff des Blindenstocks. Er sah, wie sie tief ein- und ausatmete. Sie schüttelte langsam den Kopf.

»Aber seien Sie ja vorsichtig«, sagte er drohend, »Es tut ziemlich weh.«

Sie hob die Hand und fand sofort seine Wange, arbeitete sich vorsichtig vor, bis sie das linke Auge gefunden hatte, berührte die Mullbinde, berührte die geschwollene Stirn – hier saugte er zwischen den Zähnen Luft ein, es tat wirklich weh –, er war noch nie so zärtlich berührt worden, stellte er nüchtern fest. Schließlich zog sie die Hand zurück.

»Das tut mir wirklich leid«, sagte sie noch einmal. »Ich wollte Sie nicht so verunstalten.«

Sie stand mit gesenktem Kopf neben seinem Bett.

»Seit wann sind Sie blind?«, fragte er.

»Seit meiner Geburt«, antwortete sie. »Wie kann ich es wieder gut machen?«

»Weiß ich noch nicht. Lassen Sie Ihre Telefonnummer da.«

Verwundert zog sie die Augenbrauen nach oben. »Ich kenne Sie doch gar nicht«, antwortete sie.

»Noch nicht«, sagte er.

Toph drehte sich nach der Tür um. Die Mutter war verschwunden, das schien sie zu spüren. »Haben Sie was zu schreiben?«, fragte er.

Sie lachte. »Nein«, sagte sie, »ich bin blind. Aber warten Sie einen Moment.« Sie drehte sich um und ging zurück zur Tür.

»Machen Sie schnell, ich bin sehr müde«, murmelte er.

Als Toph zurückkam, war er eingeschlafen. Sie legte den Zettel mit ihrer Nummer auf seine Brust: »Toph« hatte ihre Mutter darauf geschrieben, dann die Nummer und darunter, in Klammer gesetzt, »Colaflasche«. So wie Toph es gewollt hatte.

Er rief eine Woche später an, und sie verabredeten sich zum Essen. Nach der Vorspeise bot er ihr das Du-Wort an. Viele Stunden später bot sie ihm einen Kuss an, vor ihrer Haustür, und er lehnte nicht ab.

»Warum hast du keinen Hund?«, fragte er eines Nachts, als sie im Dunkeln nebeneinander lagen. Sie kannten einander seit sechs Wochen.

»Ich hasse Hunde«, sagte sie. Er dachte darüber nach, dann an etwas anderes. Langsam driftete er schon in den Schlaf, als sie plötzlich sagte: »Als ich vierzehn war, habe ich einen erschlagen.«

Er war sofort hellwach. »Was hast du getan?«, fragte er erschrocken.

»Den Hund der Nachbarin erschlagen«, flüsterte sie.

»Warum, um alles in der Welt?«

»Er hatte mich gebissen, in die Wade, und er wollte nicht loslassen.«

Unter der Decke kam Bewegung in ihre Beine. Sie zog das rechte Bein an, immer weiter, es rutschte unter der Decke hervor. Sie nahm seine Hand, legte ihre Finger um seinen Zeigefinger und fuhr damit über die vernarbte Stelle. »Siehst du?«, fragte sie.

Er schwieg.

»Ich bin nicht wehrlos«, sagte sie. »Das ist alles, was ich sagen wollte.«

»Ich weiß«, war das einzige, was er nach langen Sekunden hervorbringen konnte.

Arnand kam zurück. Er war lange unter der Dusche gestanden. Toph lag noch immer auf dem Bett, mit den Wanderschuhen an, die Hände hinter dem Kopf verschränkt.

»Bist du noch böse?«, fragte sie.

Er trocknete sich fertig ab, dann wickelte er das Handtuch um seine Hüften und fing an, in seinem Rucksack nach etwas zu kramen.

»Ich bin nicht böse«, sagte er in einem Tonfall, der klar machte, dass er noch böse war.

»Was habe ich getan?«, fragte sie.

»Du hast einem Typen ins Gesicht geschlagen, ohne auch nur einen Augenblick an die Konsequenzen zu denken«, sagte Arnand. »Und das ist nicht das erste Mal, dass so etwas passiert ist.«

Toph seufzte. »Arnand«, sagte sie, »komm her.« Sie klopfte mit der freien Hand neben sich auf die Matratze.

Er kramte weiter. Schließlich zog er einen Reißverschluss auf, er hörte sich höher an als der vom Rucksack, es musste das Medikamententäschchen sein.

»Fehlt dir etwas?«, fragte Toph.

»Ich habe Kopfschmerzen«, sagte Arnand. Er drückte eine Tablette in seine Handfläche und schluckte sie ohne Wasser.

»Es ist nicht so, dass ich nicht an die Konsequenzen denke«, sagte sie.

Arnand legte sich neben sie. »Sieht aber nicht danach aus.«

»Wie lange kennen wir uns jetzt?«, fragte Toph. Sie drehte sich zu ihm.

»Zwei Jahre«, sagte Arnand.

»Das ist eine lange Zeit« Toph klang, als sagte sie das eher zu sich selbst. »Zwei Jahre.«

Arnand nickte.

»Wir waren überall auf dieser Welt«, sagte Toph.

Arnand seufzte, dann wälzte er sich unter die Decke. »Du hast ja noch deine Schuhe an«, bemerkte er. Toph setzte sich auf und begann, die Schnürsenkel zu entwirren, dann streifte sie sich die Schuhe von den Füßen. Sie saß lange an der Bettkante.

»Überall«, flüsterte sie.

»Und nirgends in diesem Überall konntest du deine Wut verlieren«, sagte Arnand. »Scheint, als wäre die Welt nicht groß genug.«

Toph stand auf.

Ihr Stock lehnte an der Wand neben dem Bett.

»Ich gehe ein Bier trinken«, sagte sie. Arnand blickte nicht auf, als die Tür ins Schloss fiel.

»Nenn mich Lisbeth«, sagte sie. Dann reichte sie ihm eine Tasse Kaffee. »Wenn du mich noch einmal siezt, dann verbiete ich Toph den Umgang mit dir.«

Sie lächelte, und wenn sie lächelte, bekam Arnand eine leise Vorstellung davon, wie Toph in ihren späten Vierzigern aussehen würde. Die Vorstellung gefiel ihm.

»Wir haben uns gestritten«, sagte Arnand und nahm einen Schluck. Lisbeth schob die Katze vom Stuhl und nahm darauf Platz.

»Das passiert«, sagte sie. »Vor allem mit Toph.«

Wieder ein gelassenes Lächeln, wieder die Lachfalten, die sich um ihre Augen bildeten.

»Ich meine, sie hat etwas getan und darüber haben wir dann gestritten.« Die Katze wickelte sich nun schnurrend um Arnands Beine. »Sie hat einer Kellnerin ein Glas Wein ins Gesicht geschüttet. Die Kellnerin hat nichts falsch gemacht, sie hat nur …«, Arnand hielt inne. Dann zuckte er mit den Schultern und bückte sich, um die Katze auf seinen Schoß zu holen. Ein, zwei Mal fuhr er ihr mit der Hand über den Rücken. Lisbeth schwieg. »Die Kellnerin hat jedes Mal laut verkündet, von welcher Seite sie kommt. Toph war das unangenehm. Sie wurde zornig. Und beim Dessert hat sie einfach ihr Glas genommen und den Wein in Richtung der Kellnerin geschüttet. ›Ich weiß, aus welcher Richtung du kommst, du Kuh‹, hat sie nur gesagt. Dann hat sie gelacht.«

Lisbeth setzte ihre Tasse auf dem Tisch ab.

»Seit wann kennt ihr euch jetzt?«, fragte sie.

Arnand sah aus dem Fenster. »Ein halbes Jahr«, antwortete er. Es hatte angefangen zu schneien. Bald würde der Gehsteig vollständig vom Weiß bedeckt sein.

Eine Weile schwiegen beide.

»Sie hätte auch einfach etwas sagen können.«

»Meine Tochter ist ein sehr jähzorniger Mensch«, sagte Lisbeth schließlich.

»Warum?«, fragte er.

»Weil Eltern Fehler machen«, sagte Lisbeth.

»War ihr Vater auch so?«

»Ihr Vater nicht.« Lisbeth nahm einen Schluck, dann stand sie auf und zog eine Küchenlade auf, holte ein Päckchen Zigaretten hervor und steckte sich eine an.

»Aber ihr Großvater – du liebe Güte!«, sie blies den Rauch aus, dann lachte sie. »Der Mann hätte mit genügend Wut die Alpen zurück ins Mittelmeer treten können.«

Aus einem Schrank holte sie einen Untersetzer, dann streifte sie die Asche an dessen Kante ab.

»Ich hab ihr das nie austreiben können, diese unbeherrschte Art. Bestrafung war sinnlos bei Toph.«

»Bestrafung?«

»Hausarrest. Radioverbot. Was man eben so macht, wenn man sich nicht mehr zu helfen weiß.«

»Sie denkt nicht an die Konsequenzen«, sagte Arnand. »Sie denkt nicht an andere, wenn sie so etwas macht. Dass es mir unangenehm sein oder mich verletzen könnte.«

Lisbeth zog an ihrer Zigarette.

»Hat sie dir von dem Hund erzählt?«, fragte sie. Arnand nickte.

»Was soll ich tun?«, fragte Arnand schließlich. »Wie soll ich damit umgehen?«

»Ich bin ihre Mutter«, sagte Lisbeth, »Ich liebe sie und werde sie immer lieben. So gehe ich damit um. Ich hoffe einfach. Wie du damit umgehst, Arnand, das musst du für dich selbst herausfinden.«

Arnand lachte, aber es klang nicht glücklich. »Ihr Vater

hat Toph eine Menge Geld hinterlassen«, sagte Lisbeth. Sie drückte die Zigarette mit einer raschen Bewegung im Unterteller aus. »Traust du dir zu, sie irgendwohin mit zu nehmen? Nach Paris vielleicht? Oder noch weiter?«

Arnand blickte plötzlich auf. »Denkst du, das würde helfen?«

Lisbeth lachte. »Sie ist nicht krank, Arnand«, sagte sie, »sie ist nur ein manchmal sehr wütendes Mädchen. Und eine Reise ist nur eine Idee.«

»Aber eine gute«, antwortete Arnand.

Sie weckte ihn mitten in der Nacht. Er war eingeschlafen, er hatte geträumt, von Toph und einem Bären, der eine Ranger-Uniform getragen hatte.

Ihr Atem roch nach Bier, sie küsste seine Wange und wanderte weiter nach unten, über seinen Hals bis zu seiner Brust und noch weiter.

»Was machst du?«, flüsterte Arnand schlaftrunken.

»Ich habe nachgedacht«, flüsterte sie zurück. »Vielleicht ist es nicht die Welt, die nicht groß genug ist«, flüsterte sie weiter, »vielleicht sind es wir.«

Arnand stieß sie weg, sie fiel nach hinten. Ihm wurde klar, dass sie ziemlich betrunken war.

»Was hast du gesagt?«

»Nichts«, kicherte Toph. »Nichts.« Dann schlief sie ein.

Er packte die Rucksäcke, zuerst seinen, dann ihren. Dann

ging er noch einmal duschen, bevor er sein Buch vom Nacht-tisch nahm und frühstücken ging.

»Wohin gehst du?«, fragte sie, als er die Tür öffnete. Er hielt kurz inne, den Türgriff in der Hand.

»Weg«, sagte er. Dann knallte er die Tür hinter sich zu.

Als er eine Stunde später zurückkam, saß sie angezogen auf dem Bett und hielt sich den Kopf.

»Du bist ein Arschloch«, sagte sie, »Du weißt, dass ich dich nicht suchen kann.«

»Wir fahren nach Hause«, sagte er. »Bist du fertig?«

»Langsam«, sagte sie. »Warum willst du fahren?«

Er nahm ihren Stock und drückte ihn ihr in die Hand.

»Dein Rucksack steht rechts von dir«, sagte er. »Komm jetzt, wir haben einen weiten Weg.«

Sie fuhren eine Stunde lang schweigend in Richtung Flughafen. Toph stöhnte immer wieder und hielt sich immer noch den Kopf. Sie sah schlecht aus, blass und abgekämpft.

»Warum redest du nicht mit mir?«, fragte sie irgendwann.

»Ich bin wütend«, antwortete Arnand, »und verletzt.«

»Du bist nicht wütend«, sagte Toph, »Wut sieht anders aus.«

Er sagte nichts. Seine Finger umkrampften das Lenkrad, so fest, dass seine Knöchel weiß hervortraten.

»Nein, Toph«, Arnands Stimme klang gepresst, »das tut sie nicht.«

»Würdest du dich besser fühlen, wenn du mir eine ver-passen könntest?«

»Ich bin nicht du«, sagte er.

»Das ist genau dein Problem«, stellte Toph lakonisch fest. »Dann wärst du vielleicht entspannter.«

Es hatte angefangen zu regnen, der Asphalt glänzte schwarz. Arnand stieg aufs Gas, es war nicht mehr weit und er wollte raus, raus aus dem Auto, raus aus diesem Land, raus aus den Hotels, und er wollte raus aus dieser Beziehung.

»Leck mich am Arsch, Toph«, sagte Arnand. Er sagte es langsam und bestimmt.

Und Toph holte aus.

Sie sah den LKW auf der Gegenseite nicht kommen. Arnand schon.

Die Sanitäter brauchten lange, um Arnand aus Tophs Armen zu befreien. Sie war auf der Straße gesessen und hatte ihn gehalten, hatte ihn in den Armen gewogen, vor und zurück, immer wieder. Sie hatte damit angefangen, als sein letzter Atemzug an ihrer Wange verstrichen war, als sie sein Herz nicht mehr gespürt hatte, als es irgendwann aufgehört hatte zu schlagen.

»Er ist weg«, hatte sie geweint. »Wo ist er hin?«, hatte sie die Männer der Feuerwehr gefragt. Sie hatte das hilflose Schulterzucken der Männer nicht sehen können.

»Wie soll ich ihn denn jetzt wieder finden?«

Ihre Mutter holte sie vom Flughafen ab, drei Tage später. Arnand war in einem Sarg im Bauch der Boeing gelegen, mit der sie aus den Staaten gekommen war.

Toph sah klein aus und verloren. Ihre Mutter konnte sich nicht erinnern, sie jemals so gesehen zu haben. »Toph«, sagte sie und nahm sie in ihre Arme.

»Was ist passiert?«

Ein Grizzly, dachte Toph, ein Hai, ein Gepard.

Das ist passiert.

Sehenden Auges

Rhea Krcmárová

Als nächste Zeugin wird aufgerufen: Lisa Valentin, 24 Jahre, wohnhaft in Wien-Leopoldstadt.

(...)

Dass etwas nicht stimmt, habe ich gleich gesehen, als er rein gekommen ist, mit der Doris, zu uns. Tut mir, leid, wenn ich das sage: gesehen, das irritiert hier einige. Weiß ich schon, tut mir leid. Gut, also sagen wir gespürt, wenn es Ihnen besser geht, wenn Sie sich leichter tun, aber es wird wohl nichts ändern.

Der geht so komisch, hab ich mir gedacht, so unentschlossen, irgendwie berührt er die Erde kaum. Tänzelt, wissen Sie, hab ich mir gedacht, weigert sich irgendwie hier zu sein. Ja, ich weiß schon, besser kann ich es nicht beschreiben, aber seltsam war es schon. Irgendwie berührt er die Erde kaum, und wenn, wissen Sie, lässt er sich dabei fallen, ein Zögern und Stolpern bei jedem Schritt, wissen Sie.

Und ich hab mir noch gedacht, ach Doris, Doris, sexy ist das nicht.

Der Klaus geht ja so souverän. Hat einen ganz festen Gang, einen schönen. Obwohl er nicht sieht, ist er nicht so tastend, nicht so trippelnd wie der da. Alle meine Freude hatten einen souveränen Gang, alle bisher. Souverän, wie man sagt, ich meine, an der Art, wie er geht, wie er auftritt, wie er den Boden berührt, kann man so viel erkennen. Da merkt man schon, ob ein Mann schön ist, oder eben nicht.

Ob er was kann.

Ob er in sich ist.

Wie ein Mann ist, also, wie er sein wird, nicht nur im Leben draußen, Frau Rat. Sondern wie er sein wird, im... Sie wissen schon... im Bett...

Jetzt lachen sie alle, Frau Rat, Sie auch, und das ist gut so, aber seien Sie nicht zu überrascht. Frau ist Frau ist Frau, sag ich immer, und mehr Frau als die arme Doris, Frau Rat, war ich allemal.

Auch wenn sie das nicht wahrhaben wollte. Ein Krüppel durfte keine Frau sein, laut Doris. Aber lassen wir das.

(...)

Dass er nervös ist, hab ich gerochen, ganz fein, gleich als er rein gekommen ist, er war ziemlich unter Spannung. Nein, das war nicht nur der Nachklang der Zigaretten, die er geraucht haben dürfte, und der die ganze Zeit mitgehangen ist. Nein, soviel kann ein Mann gar nicht rauchen, dass ich nicht rieche, wie nervös er ist.

Das kriegt man mit, ganz natürlich, ich rieche ihn ja bis hierher, jetzt. Das ist der gleiche Geruch wie damals, wie ein Viech, kurz vor der Schlachtung.

Der Klaus riecht manchmal auch so, ein bissi, kurz vor einer Prüfung, aber der war anders, viel schärfer, böser, und ich hab mich gefragt, Frau Rat, was los ist.

Mich. Sie. Und irgendwann auch ihn.

(...)
Eigentlich war ich das erste Mal alleine an diesem Wochenende. Gefreut hab ich mich schon drauf. Schon lange.

Die Nelly ist zu ihrem Kloster gefahren, mal ein bisschen vortasten, die anderen waren in Tirol oder in Meidling oder Brunn am Gebirge, jedenfalls bei den Eltern, und ich hab mich gesehnt nach einem ruhigen Wochenende.

Meine Arbeit ist gar nicht mal so ruhig, müssen sie wissen, Telefonzentrale kann manchmal wirklich hektisch sein. Hundert Leute auf einmal, Frau Rat, und tippen und verbinden, das hat's in sich, ich mag es, wirklich, aber ruhig ist es nicht.

Und außerdem hätte der Klaus dann kommen sollen, am Abend. Nur wir allein, wissen Sie, Frau Rat, wir sind auch mal ganz gern ungestört, allein, man braucht das.

Nur wir beide.

Wir sind sonst eh immer leise, wenn er bei mir ist, aber das macht nicht so viel Spaß, also, wissen Sie, das Persönliche, mein Gott, die Liebe, wirklich. Darum freuen wir uns auch schon auf die Wohnung, weg aus der WG, endlich mal allein. Jedenfalls ein Samstag alleine mit mir, in Ruhe, und dann am Abend noch er, der Liebste.

Schön, dachte ich, wird das.

Und dann hat der Klaus angerufen, am Handy. Ihm sei der Computer abgestürzt, oder die Braillezeile geht nicht oder so was, und er wartet auf seinen Bruder und kommt später. Und ich bin in der Küche gesessen und war traurig, und hab noch nachgedacht. Keine Ahnung worüber, ist, glaube ich, nicht so wichtig.

Und dann war sie auf einmal da. Die Doris. Mit dem Mann. Mit ihm.

(...)
Stört dich denn das nicht, hat sie mich einmal gefragt, so scheinheilig, wie üblich, die Doris, stört es dich denn nicht, dass du nicht weißt, wie dein Allerliebster aussieht, eigentlich?

Und er weiß es auch nicht, also von sich nicht, und auch gar nicht von dir?

Natürlich wollte sie die Antwort nicht haben, Frau Rat. Sonst hätte sie ja nicht gefragt, die Tussi, die Doris, Verzeihung.

Die Lotti hat ihn mir beschrieben, hab ich ihr gesagt, die sieht ja noch relativ gut, die Lotti. Und ich habe ja meine Fingerspitzen, und die sehen noch besser. Und dann hat sie mich gefragt, was ich denn bitte so an ihm finde. Jetzt von Frau zu Frau und so, also ganz wir Mädels unter uns, wissen Sie, das Spiel hat sie gern gespielt. Nur, dass sie zu blöd ist zu sehen, dass ich sie durchschaut habe.

Das Übliche halt, hab ich ihr gesagt, seinen schönen Hintern. Und seinen Körper. Der Klaus geht ja trainieren, und das spüre ich, ich mag es, wenn er mich hochhebt, denn ich bin ja nicht leicht, aber dass er mich heben kann, das ist... das gefällt mir, ich mag das, weil... weil wir dann... aber das führt jetzt zu weit.

Seine Haut mag ich auch, weil sie warm ist, meist, gut durchblutet. Der ist kein kalter Klotz, der Klaus, das ist mir wichtig. Ja, lachen sie nur, aber würden Sie Liebe machen mit einem Fischstäbchen? Hätten Sie gerne etwas über sich, was sich anfühlt wie eine Hühnerleber, frisch aus dem Kühlschrank?

Die Doris offenbar schon. Aber bitte.

(...)
Als er mich angegriffen hat... ziemlich gleich anfangs... wie das die Doris bitte aushält, auf ihrem Körper, diese Hände, hab ich mich gefragt. Ich hätte ihm seine Pratze gleich zu-

rückgegeben, an ihrer Stelle, seine Qualle. Nicht nur, dass die Finger so kalt waren, kein Blut dort, wo es hingehört... das war direkt ein toter Frosch in meiner Hand, schlaff und schwer und glitschig... Oder die Tentakel einer kleinen sterbenden Qualle, oder ein faulender Paprika, diese Stellen, die schlechten, die sich so vom festen Fruchtfleisch unterscheiden.

Wieso er keine Hornhaut hat, habe ich mich gefragt, obwohl er doch angeblich Gärtner ist, das waren Babyhände. Wie ein toter Einjähriger hat er sich angefühlt, nicht wie ein Mann.

Sicher, Schwielen mag ich auch nicht, das ist doch grausig, wenn ein Mann sich vernachlässigt, Frau Rat. Dem Klausi predig ich ja auch immer Handcreme, Handcreme, wir suchen sie sogar gemeinsam aus, damit sie auch gut riecht. Ich mag es nicht, wenn er raue Handflächen kriegt, vom Training, von den Hanteln. Die sind aus Stahl und innen so aufgeraut, und dann kratzt es, wenn mir der Klausi über meinen Körper fährt, und das kann ich nicht leiden. Er versteht das, der Klaus.

Aber der, der hatte gar nichts auf den Händen, kein Profil. Und das kann ich nicht leiden.

Sicher hat er irgendwann gespürt, dass ich es weiß, dass ich es fühle, wissen Sie. So Tiere wie er haben da einen ganz guten Instinkt, und er hat zugepackt, mir fast die

Mittelhandknochen zerquetscht.

Hornhaut hatte er keine, trotzdem.

(...)

Die Stimme, seine Stimme, Frau Rat, war das Grauslichste überhaupt. Mir ist einmal beim Geschirrspülen das Glas in der Hand zerbrochen, wissen Sie, und die Scherben in der Hand, ohne Vorwarnung, so eine Stimme hatte er. Wie eine alte Frau, die wie ein alter Mann klingt, der wie eine alte Frau klingt, und so weiter, sie hören ihn ja eh, wenn er so vor sich hinschimpft, jetzt.

Natürlich bin ich oberflächlich, Frau Rat, aber ich bin doch auch nur eine Frau, ich weiß doch, was mir gefällt, und er war es auf jeden Fall nicht. Und ich weiß, was mir Angst macht.

(...)

Ich hab auf sie eingeredet wie auf ein krankes Pferd, Frau Rat, jedenfalls, wirklich, ich hab mich so gefürchtet. Sicher, um mich, in erster Linie, und irgendwann auch um sie. Nein, gemocht habe ich sie immer noch nicht, natürlich, ich hab halt einfach nur Angst gehabt.

Ich hab mir gewünscht, die anderen wären da, die Mädels, na ja, vielleicht nicht die Nelly, die hat als Nonne in der Warteschleife ja noch weniger zu melden.

Aber die anderen, die einen Freund haben, die anderen Frauen.

Ich meine, natürlich reden wir immer, als Frauen, unter uns. Manchmal war sie dabei, die Doris, wir sollten sie ja integrieren, und wir haben versucht, sie ernst zu nehmen, obwohl sie so einen scheußlichen Geschmack hat ... gehabt hat ... hatte ... Herrgott ...

Ihm war es ja egal, wie sie sich fühlt, dem Mann, sie ist ja ständig um ihn herumscharwenzelt, die Doris, also das war fast schon peinlich. Und dümmlich war es auch. Ich hab sie da nie verstanden, wieso sie ihn immer wichtiger nimmt als sich. Aber gut, ich habe mir gedacht, dass sie es nicht aus Spaß macht. Dass sie mit Kerlen ins Bett steigt, um eine Bestätigung zu bekommen für irgendwas, für was auch immer, ich weiß es nicht. Und das hab ich nie verstanden.

Es gibt doch schon so viele Dinge im Leben, die man muss.

(...)

Wenn ein Mann sich nämlich um mich kümmert, wissen Sie, kann ich ja loslassen, da weiß ich, dass ich Spaß haben werde, wenn er sich sorgt, dass es mir gut geht. Und wenn mir das Ganze keinen Spaß macht, Frau Rat, wissen Sie, tue ich es nicht.

Der Klaus ist so einer, ich meine, so aufmerksam, dem bin ich wichtig, mit dem hab ich Spaß, Frau Rat, das ganze Vergnügen. Aber darüber hat die Doris nie gesprochen. Vielleicht hätte ich sie fragen sollen, warum sie es eigentlich macht. Aber eine Antwort, Frau Rat, hätt ich sicherlich nicht gekriegt.

(...)

Bei unserem ersten Treffen ist sie mitgekommen, also vom Klaus, Frau Rat, und von mir. Ist daneben gesessen, weil man kann uns beide ja nicht allein lassen, die Krüppel. Was uns hätte passieren sollen, am helllichten Tag, im Café Ritter? Wo wir beide noch, also noch dazu, jedenfalls war es lächerlich, und das hab ich ihr auch gesagt. Dann ist sie weg, die Doris, und war beleidigt.

War mir auch nicht Unrecht, dass sie sich getrollt hat, die gute Frau. Ich hab ja gewusst, dass er es ist, wir haben ja vorher wochenlang gemailt, und telefoniert, und SMS hat er mir auch geschrieben, der Klaus. Die Stimme erkenne ich doch bitte wieder, habe ich ihr gesagt, auf dem Weg ins Café. Die Stimme, in die hab ich mich ja verknallt. Ich war dreizehn und er siebzehn, Frau Rat, er damals Schulsprecher, und ich Klassensprecherin. Ich bin rot geworden, sobald er nur den Mund aufgemacht hat, rot wie der Feuerlöscher, haben die Lehrer gesagt, jedenfalls.

Wenn er in der Nähe war, hab ich Stellen bei mir gespürt, von denen hab ich bisher nur gehört. Im Bravo, im Aufklärungsteil von der Bravo-Kassette haben sie davon gesprochen. Die hab ich mir damals ausgeborgt, stapelweise, auf Kassette, aus der Bücherei.

Ich hab mir dann immer vorgestellt, dass er das macht, mit mir, was die immer machen. Obwohl ich nicht ganz sicher war, wie es geht. Klar haben die uns aufgeklärt, aber wie es geht, weiß man ja erst nachher.

Ich hab mir schon gedacht, dass er das gut machen wird. Oder vielleicht hab ich es damals nicht gedacht, nur gehofft, das Gespür für solche Sachen wächst ja auch erst mit den Jahren. Aber irgendwann hat man es, und natürlich ist jede Beziehung ein Risiko, wissen Sie, aber das Gespür, das hilft.

Das hab ich ihr auch gesagt, Frau Rat, genau das habe ich ihr gesagt. Was glauben Sie, Frau Rat, wie die gelacht hat.

(...)

Er hat schon gespürt, dass ich ihn nicht mag, der Mann.

Viecher spüren das, wie gesagt, der ist auch so ein Instinkttyp, ein Jäger. Ich meine, ich sehe ihn ja nicht, seine Körpersprache, aber bitte doch, ich höre sie. Höre sein Rascheln, Fitzeln, Kratzen, das Rutschen mit dem Hintern auf dem Sitz, das Rubbeln der Füße am Tisch, grad, dass er nicht auf die Tischplatte trommelt. Höre das Geräusch seiner Finger, wenn er sich durch die Haare fährt, wenn er seine Kopfhaut kratzt, und dann haben wir überall die Schuppen auf unserem Tisch, grauslich. Und dann hat er seine Haut gerieben, durch das Hemd und durch die Jeans, jedenfalls hat sich das so angehört, die Stoffe haben einen eigenen Klang. Und dann hab ich noch gehört, wie er sich die Nägel beißt, und an der Haut darüber knabbert. Da war sie aber kurz draußen.

Der Klaus macht so was nicht, nie, fast nie. Nur vor zwei Prüfungen auf der Uni und als sein Vater gestorben ist, hab ich das gehört. Da hab ich gewusst, es geht ihm ziemlich elend, es wird ihn fast zerreißen. Der Klaus sitzt ja ruhig da, in sich, stetig; nicht, weil er nichts sehen kann, sondern weil er will. Er ruht, Frau Rat. Da drinnen, in sich, ruhig, und genau das ist das, was ich mag.

Aber den Typ von der Doris, den hat es nicht zerrissen, jedenfalls nicht bei uns in der Küche. Aber ich hab gespürt, dass es sich aufbaut. Ich hab ihm ja auch ein bissi was vorgespielt, Frau Rat, und er ist mir darauf reingefallen, jedenfalls am Anfang. Das kann ich ganz gut, ich meine, es ist fies, ja, aber es hilft, die Leute zu beurteilen. Haben Sie die Kunst des Krieges gelesen? Natürlich gibt es den in Brailleschrift, haben Sie gelesen, was Sunzi geschrieben hat über die Feinde? Wenn du dich und den Feind kennst, brauchst du den Ausgang von hundert Schlachten nicht zu fürchten. Und wenn da auf einmal ein Tier sitzt, in deiner Küche, da weiß man, was er meint.

(...)
Irgendwann ist er dann rausgegangen, eine rauchen, vor die Wohnungstüre, und ich hab sie mir geschnappt.

Ganz direkt war ich. Doris, Doris, habe ich gesagt, Finger weg, bitte, Doris, renn so schnell du kannst. Doris, bitte, der Mann ist schlecht, der Mann ist ein Viech, der Mann ist auf der Jagd, Doris, bitte, bitte renn. Schließ ihn raus, sperr ihn weg, dann überlegen wir uns, was wir machen, der bringt uns um, bitte. Und dann ist er reingekommen. Und sie hat es ihm gesagt. Wort für Wort. Alles.

Und dann haben sie sich lustig über mich gemacht, natürlich, mindestens eine halbe Stunde, und sie war aber schlimmer. Irgendwann hat er sie gestoppt, aber auch nur, weil er gehen wollte, weg vom kleinen dummen Krüppel, mit ihr.

(...)
Doch, zuerst habe ich mir gedacht, dann krepier doch, bitte, habe ich mir gedacht. Aber nur die ersten paar Minuten. Bis die Panik gekommen ist.

Die Gebietsbetreuerin wollte mir nicht glauben, als sie ich angerufen habe, ziemlich gleich darauf, in Panik eben, also ungewohnt. So kennt sie mich nicht, und ich soll der Doris doch auch einmal einen netten Mann gönnen, sie habe ihn ja selber gesehen, naja kurz halt, und dann hat sie aufgelegt. Die Polizei hab ich gar nicht angerufen, ja, danke für Ihr Verständnis, Frau Rat, nur den Klaus hab ich dann erreicht, er ist zu mir gekommen, wir wohnen ja nicht weit auseinander, und er hat mich gehalten. Ihr Handy war ja ausgeschaltet, wissen Sie, das haben wir zwischendurch auch probiert,

Sie können sich ja nicht vorstellen, wie es ist, zu sitzen, zu warten, und die Katastrophe geschieht. Der Klaus hat mich einfach nur gehalten, bis zum Abend. Bis die anderen gekommen sind.

Und der Suchtrupp.

Und die Polizei.

Das Sandwich-Zimmer

Johannes G. Epple

I.

Ich habe eine Kopfwirklichkeit. Da gibt es Kopf-Worte, Kopf-Geschichten, Kopf-Tränen, Kopf-Witze, Kopf-Träume, Kopf-Orte, Kopf-Unorte und Kopf-Fantasie. Da gibt es Kopf-Küsse, Kopf-Zungen, Kopf-Schenkel. Da gibt es Kopf-Figuren: den irren Theo gibt es da, und die kleine Lou, die immerzu vom Meerbauch träumt, und eine Unzahl von Namenlosen gibt es da, die schreien, damit man sie hört, aber dennoch wichtig sind.

Und dann gibt es Damir. Damir ist meinem Kopf entwischt. Nun lebt er im Zimmer nebenan.

II.

Nett ist es hier, keucht Damir in sein Handy, richtig nett. Er fingert den Schlüsselbund aus der Jackentasche, dabei fällt ihm beinahe sein Schokocroissant zu Boden. In der Wohnung dröhnt Musik. Das muss Resa sein, denkt er und beendet das Telefonat.

Sein Zimmer liegt gegenüber der Wohnungstür. Links von ihm wohnt Resa. Zu seiner Rechten, neben der Küche, lebt Annette. Als er auf die Annonce reagiert hat und das Zimmer begutachtete, sagten die beiden Mädchen, er habe das sogenannte Sandwich-Zimmer und lachten, und Damir lachte, weil es ihm peinlich gewesen wäre, als einziger nicht zu lachen. Resa fragte, ob er ein Problem habe, mit einer Blinden zusammenzuleben. Damir schüttelte den Kopf. Annette lächelte. Resas Augen waren geschlossen. Nein, sagte er schließlich, nein.

Damirs Zimmer ist noch kein Zimmer. Es ist eine Lagerstätte für halbvolle Umziehkartons, für Säcke mit Kleidung und Büchern, auf die die Sonne scheint. Nur das Hochbett ist schon in der Mauer verankert. Das hat er selbst gemacht. Vergangene Nacht schlief er schon im Hochbett – alleine. Er schlief richtig gut. Er schlief die ganze Nacht, richtig gut. Weil Renate nicht neben mir schlief, denkt Damir. Renate schläft gut, wenn sie neben mir schläft. Ich schlafe gut, wenn Renate nicht gut schläft. Ein Paradoxon, findet er, ein überlebenswichtiges Paradoxon. Schlaf ist wichtig, Renate ist nicht ganz so wichtig.

Damir hebt nicht ab, als sein Handy läutet. »Renate« steht am Display. Sie mache sich Sorgen, hat sie zuvor gesagt, wie solle es nun weitergehen, wie sein neues Zimmer aussehe, ob sie es sich ansehen könne. Dass sie Damir liebe, hat sie gesagt, dass sie alleine sei, vor allem nachts. Doch das Schokocroissant ist ihm dazwischen gekommen, also legte er auf, weil das Schokocroissant wichtig war, und Renate nicht ganz so wichtig war.

Die Musik verstummt. Kurz darauf klopft es an Damirs Tür. Resa tritt ein. Er will ihr unter die Arme greifen. Sie lehnt ab. Im nächsten Moment stolpert sie über einen Umziehkarton. Bücher fallen zu Boden. Resa stöhnt auf. Damir entschuldigt sich für die Unordnung. Das mache nichts, meint Resa. Sie hätte mehr acht geben müssen.

Damir mustert Resa, ihre geschlossenen Augen, das schwarze Haar, das sie mit einem grünen Haarband am Hinterkopf verknotet hat. Sie trägt einen braunen Rock und eine weiße Bluse, ein silbernes Kettchen um das Handgelenk und ein goldenes um den Hals. Warum er sie so ansehe, fragt Resa.

Das tue er nicht, antwortet Damir und lacht. Doch, das tue er, antwortet sie. Es sei ja auch kein Problem, sie habe es gern, angesehen zu werden. Ihr Äußeres sei ihr einfach wichtig, sagt sie. Damir lacht, richtig laut.

Sein Handy läutet. Meine Freundin, sagt er, ohne auf das Display zu blicken. Oh, meint Resa und macht Anstalten zu gehen, sie wolle nicht stören. Doch das Handy verstummt. Sie wolle ihn ohnehin nur fragen, sagt sie, ob Annette ihm von der Party erzählt habe, von der Einweihungsparty, dass er jetzt bei ihnen lebe, und so ... Ja, antwortet Damir, davon habe Annette gesprochen. Morgen solle sie stattfinden. Er freue sich schon. Gut, antwortet Resa, sie wolle nicht weiter stören, sagt sie und lacht. Und Damir lacht und sagt, sie störe nicht, keinesfalls, sie könne jederzeit wieder kommen.

III.

Ich stehe an einer Kreuzung. Motoren brummen, einer heult auf und fährt unter meine Haut. Ich gehe mit dem Blindenstock den Blindenweg entlang. Er führt mich zu meinem Arzt. Der Weg ist mir bekannt, also ist er kein Problem. Ich weiß, wo der Gehsteig aufhört, wo er beginnt, wo die Laternen stehen und wo Autos parken. Baustellen machen jeden Ausflug in die Welt zu einem Abenteuer. Es ist November, noch hat es nicht geschneit. Der Schnee auf der Straße ist die Nacht des Blinden. Der Schnee schluckt den Klang meiner Schritte, so weiß ich nicht, wo ich bin. Wirklich blind fühle ich mich erst, wenn ich die Hände ausstrecken muss.

Warum ich hier sei, fragt die Sprechstundenhilfe. Eine Frau, vielleicht vierzig. Ihre Stimme zittert, sie wirkt überfordert, sie hustet; Karteikarten rascheln, ein Telefon läutet. Die Sprechstundenhilfe hebt ab. Lou fällt mir ein, auch Lou ist oft überfordert, wegen Theo, eigentlich immer wegen Theo. Was ich habe, bellt die Sprechstundenhilfe auf einmal. Ich verliere meine Kopf-Figuren, antworte ich, vielleicht sogar meine Kopf-Wirklichkeit. Sehr schön, sagt die Sprechstundenhilfe, das sei schlimm. Der Herr Doktor habe zwar einen vollen Terminkalender, sie könne mich jedoch einschieben.

Im Wartezimmer mäandern Stimmen von drei oder vier Erwachsenen und einem Kind. Ich denke an das Gespräch mit Damir und daran, dass ich Damir gerochen habe. Rieche ich jemanden und riecht er gut, werde ich ihn mögen. Das

68

war immer schon so. Ich kann Damirs Geruch nicht einordnen. Ich kann niemandes Geruch einordnen. Ich kann nicht sagen: Der riecht nach Erdbeeren. Und die riecht nach Moschus. Und der riecht nach Vanille. Nur erkennen kann ich den Geruch, ob er gut riecht oder nicht gut riecht. Von da an ist dieser Geruch unauslöschlich mit dieser Person verbunden. Ich kann Damir riechen, er riecht gut, also werde ich ihn mögen.

Eine Tür klickt. Schritte nähern sich. Das Mäandern der Stimmen verebbt. Ich sehe auf. Der Arzt ruft mich in das Behandlungszimmer. Ich folge den Schritten. Sie sind einige Meter vor mir. Ich kenne den Gang, dennoch hebe ich meine Arme.

Wie es mir gehe, fragt der Arzt, als ich mich auf das Behandlungsbett setze, was mich zu ihm führe. Ich erzähle von Theo und Lou und dass Damir verschwand und nun im Zimmer nebenan lebt. Der Arzt meint, ich solle zum Wesentlichen kommen. Ich sage, das ist das Wesentliche, dass meine Kopf-Wirklichkeit sich auflöst, dass ich sie vergesse. Was er da machen könne, antwortet der Arzt. Die Welt ließ ich hinter mir, sage ich, so vergaß ich sie. Jetzt vergesse ich meine Kopf-Wirklichkeit, weil ich die Welt vergessen habe. So ergehe es vielen Erblindeten, meint der Arzt und hackt auf die Computertastatur, sie würden die Erinnerung an die Gegenstände der Wirklichkeit vergessen, so verlernen sie zu phantasieren, zu träumen. Nein, antworte ich, nein, ich phantasiere nicht, ich habe eine Kopf-Wirklichkeit. Ich hätte Teile meiner Kopf-Wirklichkeit bereits vergessen, antwortet der Arzt, ich solle also wieder in die Welt zurückkehren. So wie Damir, frage ich. Das wisse er nicht. Wie ich das sonst machen soll, frage ich. Der Arzt schweigt. Ob er mir Medikamente verschreiben kann, frage ich. Der Arzt schweigt.

Am Heimweg denke ich an meine Kopf-Figuren. Und daran, dass wichtig wird, was nicht wichtig ist, wenn man es verliert. Der irre Theo, die kleine Lou und Damir sind lange schon nicht mehr wichtig gewesen. Erst, als ich vor zwei Wochen morgens erwachte und Damirs Bild vergessen habe, wurde er wieder wichtig, und der irre Theo und die kleine Lou wurden auch wieder wichtig. Ich suchte in meiner Kopf-Wirklichkeit nach dem Klang von Damirs Stimme, nach dem Klang seines Lachens, so wie es in meinem Kopf nachhallte. Ich fand nichts. Ich suchte nach Damirs Haarfarbe, nach der Farbe seiner Augen, nach der Geometrie seines Gesichts, nach der Topographie seines Körpers; nach seinem Geruch. Ich strapazierte sogar meine Kopf-Phantasie. Nichts. Ich fand nichts. Ich verließ die Kopf-Wirklichkeit und die Kopf-Phantasie und suchte in meiner Erinnerung. Ich suchte nach meinem nervösen Kindergärtner Theodor und nach meiner Freundin Louise, die eines Tages vom Urlaub aus Italien heimgekehrt war und nichts anderes wollte als zurück in den Meerbauch. Ich fand sie – beide. Noch. Nur Damir fand ich nicht. Ich weinte. Ich lief zu Annette, am leeren Sandwich-Zimmer vorbei. Annette umarmte mich, und ich umarmte

Annette. Und es war uns peinlich, weil wir so etwas noch nie gemacht hatten, aber dennoch fand ich es schön, dass Annette mich umarmte und ich Annette umarmte.

IV.

Renate wird kommen. Damir weiß nicht, ob er will, dass Renate kommt. Aber er hat Ja gesagt, als sie gefragt hat, ob sie kommen könne. Nun glaubt sie, dass Damir will, dass sie kommt, und das gefällt ihm ganz und gar nicht.

Jemand läutet an der Tür. Das ist Renate, denkt er, und als er Annette hört, wie sie den Summer betätigt, damit Renate die Haustür herein und die Treppe herauf kommen kann, geht er in den Vorraum, um sie zu begrüßen.

Schön habe er es hier, sagt Renate, schön sei das Hochbett, schön sei die Aussicht auf den belebten Platz zwei Stockwerke unter ihnen, schön das Bad, die Küche, sagt Renate und sicher auch lieb die Wohnungskolleginnen, aha, Annette heiße die eine, Resa die andere. Ob sie einen Kaffee haben könne?

Als Damir den löslichen Kaffee in einer Tasse mit heißem Wasser verrührt, fragt er sich, was verloren gegangen ist. Verlor Renate etwas oder verlor er etwas, das wichtig war? Er überlegt. Er weiß es nicht. Er weiß es immer noch nicht, als er zwei Kandisin im Kaffee auflöst. Er sucht nach einem Ereignis, das ihre Beziehung, in ein klares Vorher und ein eindeutiges Nachher unterteilte. Er findet keines. Das wäre auch zu einfach, denkt er, ein Problem an einem fixen Punkt fest zu machen, auf diesen Punkt zu zeigen und zu sagen, er ist schuld, ich bin es nicht, und Renate ist es auch nicht.

Warum er eigentlich ausgezogen ist, fragt sich Damir, als er zurück in sein Zimmer geht. Der Grund lag in einer Erinnerung. Sie wurde von Resas und Annettes Annonce ausgelöst. Als er sie in der Zeitung las, hat er an Geschwindigkeit gedacht und an die Zeit, in der Zeit keine Rolle spielte. Diese Zeit fehlte ihm, und dieses Fehlen verkörperte Renate. Sie verkörpert es immer noch, denkt er. Nun hat er doch einen Punkt gefunden, auf den er mit dem Finger zeigen kann. Der Punkt liegt in Renate. Das beruhigt ihn.

Damir kehrt mit zwei Tassen in sein Zimmer zurück. Renate sieht auf ihre Armbanduhr mit dem weißen Ziffernblatt und dem rosa Lederband. Damir hat ihr die Uhr einmal zum Geburtstag geschenkt. Damals hat sie ihm gefallen. Er gibt ihr eine Tasse. Heiß, sagt er. Sie lächelt. Er lächelt, bloß für einen Augenblick. Was los sei, fragt Renate. Nichts, antwortet er. Etwas sei doch nicht in Ordnung, das spüre sie. Sie müsse nicht alles erfahren, sagt er, er brauche bloß ein wenig Ruhe, sie enge ihn ein. Keineswegs enge sie ihn ein, sagt sie. Was er denn habe? Nichts, antwortet er. Er brauche Ruhe, sie störe ihn. Weswegen er denn Ruhe brauche, antwortet Renate, er sei eigenartig, was er denn eigentlich wolle. Nichts, antwortet Damir, nichts.

Renate greift nach ihrem Mantel. Ihr sei es zu eng hier, sagt sie, sie wisse nicht, weshalb sie gekommen sei. Sie habe geglaubt ... aber sie sei naiv gewesen. Sie nippt an der Tasse.

Der Kaffee schmecke... doch dann bricht sie ab. Damir beobachtet sie, wie sie ihre Sachen packt, den Schal umlegt, in die Stiefeletten schlüpft und nach der Handtasche greift. Er sieht ihr hinterher, wie sie aus seinem Zimmer schleicht, sich noch einmal umdreht, winkt und draußen den Schlüssel in der Wohnungstür umdreht.

Die Tür fällt ins Schloss. Damir sieht auf die Tür. Er nimmt einen Schluck aus der Tasse und stellt sie neben Renates Tasse mit dem dampfenden Kaffee. Dann läuft er ihr hinterher.

Damir und Renate stehen im Regen, vor dem Miethaus. Renate blickt zum Abgang der U-Bahn-Station. Damir schlägt einen Spaziergang vor. Gut, sagt sie. Hervorragend, antwortet er. Der Bezirk liegt am Stadtrand. Verkehrslärm, Kebabbuden, Bordelle. Er lebe nun in einem Arbeiterbezirk, sagt er, viele Studenten würden hier ihre Unterkunft haben. Vor Jahren sei das eine explosive Mischung gewesen, Arbeiter und Studenten, Studenten und Arbeiter, da sei noch was los gewesen, aber nicht hier, hier sei es immer ruhig gewesen. Er schnieft und bittet Renate um ein Taschentuch. Sie kramt eines aus ihrer Handtasche. Warum er diesen Blödsinn erzähle, fragt sie, dass sie das keinesfalls interessiere, sie habe wichtigere Probleme, sagt sie, Studenten und Arbeiter, Arbeiter und Studenten, was die denn gemeinsam hätten? Ihre Wohnung habe eine viel bessere Lage, meint Renate, Innenstadt und so. Er sei komisch geworden, verrückt, sagt sie. Sie habe eben keine Ahnung, antwortet er, das sei immer schon so gewesen.

Stille. Dann ein Nichts. Er entschuldigt sich. Er habe es nicht so gemeint, sagt er. Das mache nichts, antwortet Renate, der Tag sei sowieso schon mies. Damir schweigt. Plötzlich bleibt er stehen. Was denn los sei, fragt Renate. Damir achtet nicht auf sie. Er sieht Resa, die neben ihm und Renate den Blindenweg entlang rattert. Sie hat ihren Kopf nicht geradeaus gerichtet, sondern nach oben, so geht sie an Damir und Renate vorbei, mit geschlossenen Augen. Resa kehrt von ihrem Arztbesuch zurück, denkt er und will sie schon begrüßen, doch er sagt nichts, lässt Resa im Stillen passieren. Resa scheint die beiden nicht zu bemerken. Damir sieht ihr hinterher und Renate wiederholt, er solle sich beeilen, stehend werde ihr kalt. Damir ignoriert sie. Er sagt, sie dürfen es sich nicht zu einfach machen, schließlich habe man eine gemeinsame Vergangenheit, Achtlosigkeit sei nicht angebracht oder doch? Totes am Leben zu erhalten sei doch … na, ja … ob das gut sei, fragt Damir. Renate zuckt mit den Schultern und trippelt von einem Fuß auf den anderen. Sie gehen weiter.

Sie brauche Zeit, sagt Renate nach einigen Minuten, nachdenken und so, und blickt auf die Armbanduhr. Ob sie morgen zur Party eingeladen sei? Man könne dort weiteres besprechen. Von Damirs Kapuze tropft Wasser in sein Gesicht. Er blickt zum Himmel. Er hat keine Lust, weiteres zu besprechen. Einige Schneeflocken mischen sich unter den Regen. Natürlich, sagt er, er freue sich, dass sie komme. Dann läuft Renate über die Kreuzung, an Resa vorbei. Jemand hupt.

Damir sieht ihr hinterher, wie sie mit der Rolltreppe in der U-Bahn-Station verschwindet.

V.

Um mich ist es schwarz, glaube ich. Ich kenne keine Farben mehr, so kenne ich kein Schwarz. Damir meint, Finsternis sei schwarz. Na und, sage ich. Er sehe nichts, meint Damir. Ich lache. Siehst du, sage ich und nehme seine Hand. Ich führe ihn das Treppenhaus nach oben. Das Licht sei ausgefallen, meint er. Ich antworte nicht, konzentriere mich auf seine Hand, die meine Hand hält und ziehe ihn die Treppe hoch. Ich denke an Kopf-Zungen, an Kopf-Schenkel, an Kopf-Küsse – und daran, dass ich ich bin und Damir jemand anderer und eine Welt so eben entsteht.

Die Wohnung ist voller Menschen. Musik und Lärm empfangen mich und Damir fragt, ob ich in sein Zimmer käme. Ich bräuchte keine Angst zu haben, sagt er, die Kartons habe er weggeräumt. Ich habe keine Angst, antworte ich und trete ein; auf einmal verstummen meine Schritte. Ich stehe auf einem Teppich, der Schneedecke der Innenräume. Ich strecke meine Hände aus und tappe nach links. Der Parkettboden knarrt. Ich gehe zur Couch und lasse mich fallen.

Ein wenig später kommt Damir. Er sagt, er habe den Prosecco eingekühlt. Die anderen seien in der Küche und in Annettes Zimmer, und manche seien in meinem, ob ich ein Problem damit habe, sagt er, wir könnten aber auch zu den anderen gehen, reden, Spaß haben, dort sein und nicht hier sein, nicht zu zweit, sondern bei den anderen. Nein, nein, antworte ich und spüre Damirs Blick. Ich frage, warum er mich so ansieht. Erwischt, sagt er und schweigt. Ich frage ihn, wie es Renate geht. Und ich frage mich, wohin Theo und Lou verschwinden, wenn es die Kopf-Wirklichkeit nicht mehr gibt.

Damir gibt es, denke ich, obwohl er verschwunden ist. Aber ich weiß, dass der Damir, den ich höre und der Damir, den ich gesehen habe, nicht dieselbe Person sind. Die Kopf-Wirklichkeit ist ewig, bewegungslos und immer gleich, ein Olymp. Theo und Lou und Damir würden in der Kopf-Wirklichkeit stets so aussehen, stets so sein, wie zu dem Zeitpunkt, als ich sie das letzte Mal sah, als ich noch sehen konnte. Wäre der Damir, den ich höre, der Damir, den ich gesehen habe, würde ich nicht an Kopf-Zungen, Kopf-Schenkel und Kopf-Küsse denken. Ich bin froh, den Damir, den ich gesehen habe, vergessen zu haben, und meine Kopf-Wirklichkeit muss leer werden. Ich muss sie ausleeren, denke ich.

Damir klopft mit einem Finger ans Fenster. Ich rieche Zigarettenrauch. Ich rieche das erste Mal, seit Damir eingezogen ist, Zigarettenrauch. Rauchst du oft, frage ich. Damir setzt sich auf die Ledercouch. Sie knistert. Nur wenn er ... er wisse nicht, wie er das sagen soll ... Renate und so, sagt er, sie ist auch da, will reden, weiteres besprechen. Ach so, antworte ich, so wie gestern auf der Straße. Damir schweigt. Ich fühle, wie er lächelt. Also doch, sagt er, wie ich das bemerkt habe. Worte sind meine Augen, antworte ich, das war immer schon so. Wie das gehe, fragt er, ob man das lernen könne. Man muss es lernen, sage ich. Ich sage nicht, dass Worte wie Blicke sind, und dass Blicke mehr als tausend Worte sagen, glaube ich nicht.

Er habe verschwinden müssen, meint Damir und zieht an der Zigarette, wegen Renate, sich zurückziehen, deswegen das Sandwich-Zimmer. Er lacht. Er seufzt. Reden tue gut. Das habe ich befürchtet, sage ich. Alle wollen reden über das, was sie tun, und das ausgerechnet mit mir, die es nicht tut. Annette ist genau so.

Es klopft. Sie sei es, sagt Annette, wir sollten kommen, die Bowle sei fertig, meint sie und läuft in die Küche oder in ihr Zimmer oder in meines. Ich weiß es nicht. Er gehe zuerst, meint Damir, und ich solle einige Minuten später kommen, wegen Renate, weil sie weiteres besprechen wolle, und Renate eben Renate sei, da könne man eben nichts machen.

Damir schließt die Zimmertür. Seine Schritte entfernen sich. Jemand lacht. Die Musik wird lauter. Jemand schreit, drüben, in der Küche, in Annettes Zimmer oder in meinem. Ich weiß nicht, wie weit entfernt sie sind – die anderen, die Gäste, die sich amüsieren. Ich weiß nicht, wie weit Annette entfernt ist und Damir und Renate, die nun weiteres besprechen. Ich habe kein Raummaß. Ich kann die Weite des Raumes nur mit der Zeit ermessen. Der Raum ist ein Loch und die Zeit das Netz, an dem ich mich festklammere. Elf

Sekunden brauche ich von Damirs Zimmer in die Küche. Bis zur Tür brauche ich sechs Sekunden. In ungefähr siebzehn Sekunden trinke ich Bowle, lache und höre Musik mit den anderen, mit Annette und Damir und Renate, die weiteres besprechen. Raum, denke ich, ist Zeit und Zeit ist Erwartung – meistens Hoffnung.

Wenig später trinke ich in der Küche das dritte Glas Prosecco und ziehe an einer Zigarette, meiner ersten Zigarette, die mir jemand ansteckte, der es gut mit mir meinte. Damir und Renate säßen abseits, sagt Annette. Sie reden. Aha, wie es Damir geht, frage ich. Das könne sie nicht sagen, sagt Annette. Ich zucke mit den Schultern und trinke ein viertes Glas Bowle und schnorre meine zweite Zigarette. Dann lege ich PJ Harvey ein, nippe am Glas und ziehe an der Zigarette. Ich lehne an der Kühlschranktür und alles scheint irgendwie zu passen, obwohl es auch ganz anders sein könnte, denke ich.

Jemand tippt an meine Schulter. Ich weiß, dass es Damir ist und versuche zu lächeln. Wie es Renate geht, frage ich. Sie sei mit einigen Typen weggegangen, meint er, in einen Club. Sie müsse sich abreagieren, hat sie gesagt. Sie werde aber wiederkommen. Dennoch gehe es ihm gut, sagt Damir und lacht. Ich glaube ihm kein Wort und lache auch. Das ist eine Lüge, sage ich und lache noch lauter. Mir ist heiß. Ich verschütte die Bowle. Das stimmt einfach nicht, sage ich. Es stimme, antwortet Damir, dass es nicht stimmt, doch es helfe ihm.

Ich lache.

Annette kommt und fragt, wer PJ Harvey aufgelegt habe, bevor ich antworte, zieht sie mich und Damir in ihr Zimmer, wo die Leute tanzen. Das Getrampel macht mich ganz kirre. Ich schiebe Damir und Annette auf die Tanzfläche und denke an Renate, wie sie mit den paar Typen in dem Club genauso tanzt wie Annette, ich und Damir tanzen. Und das finde ich echt gut. Ich wirble über die Tanzfläche, über das Federbett der Geräusche und Töne. Ich stoße an Gegenstände, an fremde Körper. Damir, rufe ich und Annette, gluckse ich, aber ich bekomme keine Antwort. Und mich wundert, dass es mir egal ist, dass es mich nicht kümmert, keine Antwort zu bekommen. Annette meint schließlich, ob ich verrückt sei? Mich so aufzuführen? Ich antworte, was, nur was, antworte ich und das scheint mir das Treffendste zu sein, was in diesem Moment zu sagen ist.

Später, viel später fallen Damir und ich auf eine Matratze, die Annettes Bett ist, und Damir fragt, ob ich glücklich sei und ich antworte, manchmal.

Der Frühverkehr weckt mich. Ich liege in Damirs Zimmer. Wie ich hier her gekommen bin, kann ich mir nicht erklären. Damir liegt auf der Couch. Wo Renate ist, weiß ich nicht, wo Annette und die anderen sind, weiß ich auch nicht. Ich liege neben Damir, meine Hände berühren die seinen, seine Beine berühren die meinen. Wie das kommt, weiß ich nicht. Ich rieche Damir. Ein stechender Schmerz durchzieht mein Hirn. Im Zimmer ist es still. Ich konzentriere mich und versuche irgendein Geräusch auszumachen. Nichts, nur der Verkehr brummt, aber der ist draußen.

Auch in meinem Kopf scheint es still zu sein.

Ich öffne Damirs Hose. Die Knöpfe gehen schwer auf. Ich strenge mich an – vorsichtig. Ich weiß, was ich tue, so wie ich weiß, was richtig ist und was falsch und dass in diesem Augenblick das Falsche das Richtige ist und das Richtige etwas mit Damir zu tun hat. Ob mich jemand beobachtet, am Fensterbrett sitzend eine Zigarette raucht, denke ich und stoppe. Lausche. Höre nichts Verdächtiges, nur den Verkehr. Ich mache weiter.

Er schmeckt eigenartig. So weich ist er, und ob das richtig ist, was ich da mache, wie ich das mache. Ich hebe meinen Kopf, atme ein. Er riecht anders als der Rest von Damirs Körper. Ich mag den Geruch. Damir bewegt sich und richtet sich auf. Er seufzt, vor Müdigkeit. Ich warte, bin gierig. Ich will jetzt nicht aufhören. Damir sinkt wieder in die Couch. Ich mache weiter. Und weiter. Ich solle das lassen, sagt er und seufzt, das sei ihm unangenehm, wenn uns jemand sieht, Renate und so.

Ich bringe es dennoch zu Ende.

Interview

»Wenn ich sehen könnte, würde ich mehr Frauen ins Bett bekommen«

Lucy Traunmüller

Durch einen Unfall verliert Wolfgang Berger (Name geändert) als Kleinkind einen Großteil seines Sehvermögens. Heute ist er 31 Jahre alt, treibt jeden Tag Sport und hat einen 40-Stunden-Job. Abends ist er mit seinen Freunden unterwegs – die sorgen auch dafür, dass er nicht versehentlich eine unattraktive Frau abschleppt. Ein Gespräch über Missverständnisse in der Disko, die Erotik knarrender Betten und die Frage, ob blinde Frauen anders lieben als sehende.

Du bist nicht völlig blind. Wie viel kannst du sehen?
Alle Farben. Gesichtsausdrücke kann ich nicht wahrnehmen, ob jemand zum Beispiel »auf Angriff« ist, sehe ich nicht, obwohl das natürlich eine entscheidende Information wäre. Ich sehe aber, dass da jemand ist, und wie groß er ungefähr ist.

Wie wichtig ist die optische Wahrnehmung für dich?

Sehr wichtig. Das ist nicht unbedingt nur auf Personen bezogen, sondern auch auf Entfernungen und Dimensionen. Beim Sport will ich wissen, wie weit das Schwimmbecken entfernt ist, bei einem Kopfsprung, wie weit ich hinein tauchen kann, damit ich mich nicht anstoße. Bei Menschen ist es das gleiche. Eine Person geht auf mich zu, und je näher dieser Mensch kommt, desto größer ist die Wahrnehmbarkeit. Was mir fehlt, ist die genaue Analyse eines Individuums. Bei einem Gesicht sehe ich ein helles Oval, die Augen und Lippen als Flecken. Wenn die Lippen angestrichen sind und Augen blau leuchten, dann hilft mir das.

Damit siehst du so gut wie ein sehr stark Kurzsichtiger.
Es kommt natürlich auf meine Konzentration an. Und darauf, wie interessant es ist. *(Lacht.)* Ich würde mich als sehr selektiv betrachten. Es kommt natürlich auch darauf an, in welcher Umgebung ich mich befinde – wenn die Sonne sehr hell scheint, dann sehe ich nicht mehr so gut. Bei schlechten Lichtverhältnissen, in einer Disko etwa, kann ich nicht sagen, ob die Person eine Frau oder ein Mann ist. Ich kann sagen: Diese Person ist ungefähr 1,70 groß. Aber schlecht: Sie ist soundso dick. Könnte nämlich auch ein dicker Pulli sein.

Du hast dein Augenlicht verloren, als du achtzehn Monate alt warst. Hast du noch Erinnerungen an die Zeit davor?
Nein, das ist zu lange her.

Kannst du eigentlich auch Vorteile daraus ziehen, dass du blind bist?
Nützt Du das, um Frauen kennen zu lernen?

Nein. Nein. *(Schweigt lange.)* Es ist ein Nachteil, den du hast. Weil du nicht allein dorthin gehen kannst, wo es um was geht, sprich: in Diskotheken. Du brauchst immer jemanden, der dir hilft. Allein bist du nicht handlungsfähig. Du kannst nicht einfach hingehen zur Bar und jemanden ansprechen. Es ist laut, und dann sind da viele Leute. In der Menge weißt du nicht wirklich, mit wem du ein Gespräch anfängst. In der Zweisamkeit oder in kleineren Gruppen ist das leichter.

Die Disko als sensorischer Overkill?

Ja. Das, was andere als erleichternd empfinden, ist für mich zu viel. Diskotheken sind super, aber um Bekanntschaften zu machen, sind sie für mich nicht unbedingt förderlich. Ich bin in einer kleineren Bar besser bedient, weil es dort nicht so laut ist. Außerdem muss ich mich beim Alkohol zurückhalten, wenn ich es darauf anlege, eine Frau kennen zu lernen. Alkohol hemmt die Wahrnehmung. Das Problem ist: Wenn man es darauf anlegt, wird es meistens sowieso nichts. Also trinke ich doch ein Bier, oder auch mehrere. Wenn dann eine interessante Frau kommt, dann krieg ich das vielleicht nicht mehr mit. So ist das eben mit dem Alkohol, ein zweischneidiges Schwert.

Was macht eine Frau interessant?

Die Konstellation zwischen ihr und mir, die Spannung. Und natürlich die Frage, wie die Frau körperlich beschaffen ist: Ob sie dünn ist oder dick. Das kann ich beim Umarmen feststellen. Ob sie groß ist oder klein, sportlich oder unsportlich. Ob sie große Brüste hat oder nicht. Um all das festzustellen, suche ich Nähe. Bei der Umarmung habe ich dann totale Klarheit.

Wie eine Frau aussieht, ist also wichtig.

Das ist ein Aspekt, den man nicht weglassen kann – auch wenn man es selbst nicht so stark wahrnimmt. Das ist der Vorzeigeffekt. Wenn du fortgehst, willst du jemanden an deiner Seite haben, den du präsentieren kannst. Ich will nicht, dass die anderen sagen, schau dir den an, der hat so einen Grampen!

Wie findest du heraus, ob eine Frau hübsch ist?

Da braucht man Freunde, die man befragen kann und die ihr Urteil abgeben. Idealerweise drei Freunde, die alle etwas zu dieser Frau sagen – und im besten Fall decken sich die Urteile. Wenn ich unterwegs bin und es kommt eine Frau dazu, die ich noch nicht kenne und auf irgendeine Weise wahrnehme, dann kann ich später fragen: »Da war ein Mädel dabei, wie hat die ausgesehen?« Oder man fragt gleich vor Ort. Da muss man aber natürlich aufpassen und einen Zeitpunkt abwarten, wo man sicher ist, dass sie nicht zuhört.

Also zählt für dich zunächst mal die Optik, auch wenn Du davon gar nichts hast?

Die optische Wahrnehmung zählt erst später. Am Anfang ist da erst mal die Stimme – unabhängig davon, wie die Frau aussieht. Die Stimme weckt das Interesse. Erst wenn sie gut klingt, versuche ich herauszufinden, ob die Frau auch gut aussieht.

Was ist eine schöne Stimme für dich?

Stimmen sind schwer zu beschreiben. Es hat auf jeden Fall mit dem Tonfall zu tun. Aber mein Eindruck kann sich auch im Lauf der Zeit ändern. Was mich beim ersten Mal abstößt, klingt nach dem zweiten oder dritten Treffen vielleicht schon ganz anders. Generell sollte die Stimme aber nicht zu tief sein. Sie darf nicht männlich klingen. Ich mag es lieber, wenn eine Frau eine klassisch weibliche Stimme hat – die aber auch einen gewissen Pep mit sich bringt. Da muss Erotik mitschwingen. Es gibt Frauen, die haben nichts Besonderes. Die reden, damit sie reden. Das ist fast abstoßend. Aber auf die Stimme allein kannst du dich auch nicht verlassen. Es kann passieren, dass die Frau eine sehr erotisierende Stimme hat, aber beim Nachfragen stellt sich heraus, dass sie dick ist und eher unsportlich.

Und das geht natürlich gar nicht.

Sagen wir so: Mein Fall ist es nicht. Es fühlt sich besser an, wenn's nicht überall schwabbelt.

Geht es tatsächlich darum, dass schlank sich besser anfühlt oder darum, dass es repräsentativer ist?

Das Ego wird ein bisschen mitspielen, keine Frage... *(Grinst.)*

Wie verteilt sich deine Wahrnehmung auf deine fünf Sinne?

Der Tastsinn ist allgegenwärtig, in allen Situationen. Gemeinsam mit dem Gehörsinn ergibt das mein persönliches Optimum. Wenn ich beide Sinne kombiniere, da kann ich als Blinder am besten agieren.

Welche Rolle spielt der Geruch?

Der Geruch ist ein nicht zu vernachlässigender Faktor. Aber wenn ich mit einer Frau spreche, weiß ich noch nicht, wie sie riecht. In der Disko kannst du dich nur am Parfum orientieren. Den Körpergeruch kannst du nur in ganz speziellen Fällen wahrnehmen – und dann kannst du ohnehin gleich sagen: Nein, das ist es nicht... *(lacht)* Gepflegt muss sie schon sein. Bei mir selbst ist mir das auch sehr wichtig.

Ob eine Frau gut riecht, weißt du erst im Bett?

Ob jemand gut riecht, kannst du nur im Bett feststellen. Im normalen Alltag kann ich mich selbst riechen, aber nicht die anderen.

Du kannst deinen eigenen Körpergeruch wahrnehmen? Das ist ungewöhnlich.

Ich kann mich riechen, ja. Und ich versuche es durch überdurchschnittliches Waschen zu kompensieren. Ich mag nicht, wie ich rieche.

Wie sehen deine Phantasien aus? Sind das Worte, Bilder, ist das Sensorik?

Keine Worte, sondern Gefühle: Haut auf Haut und so. Es ist ein Gesamtbild aus allen fünf Sinnen. Optik hast du da auch noch mal. Ich verwende die anderen Sinne, um mir ein optisches Bild zu machen.

Du hast ein Bild in deinem Kopf?

Das ist ein Bild aus Gedanken. Nicht nur, ob sie fesch ist und dass du sie magst, sondern auch, wie sie sich gibt – und natürlich habe ich ein Bild davon, was wir miteinander anstellen könnten.

Bei einem Kuss, sind da Phantasien dabei?

Da sind Gedanken, aber keine Phantasien. Gedanken wie »Es wäre super, wenn wir jetzt zur Sache kommen könnten« – oder so. Wie bei den meisten Männern wahrscheinlich.

Und wenn ihr zur Sache kommt?

Dann schweife ich in eine andere Sphäre ab. Nicht im spirituellen Sinn. Das ist wie ein Gang über ein Wackelbrett. Auf deinem Weg zum Orgasmus versuchst du, möglichst lange die Balance zu halten, die Phase zwischen Höhepunkt und Abfall so weit wie möglich auszudehnen.

Du sagtest vorhin, dass du keine Erinnerung mehr an die Zeit hast, als du noch sehen konntest. Ist es für dich trotzdem möglich, die Optik in Gedanken schärfer zu stellen, als sie in deiner visuellen Wahrnehmung ist?

Ich denke, ich habe mein persönliches Optimum an visueller Schärfe, in den Augen und auch in meiner Phantasie. Und die beiden sind gleich scharf. Trotzdem kann man sich die Dinge natürlich in einem anderen Wortsinn viel »schärfer« vorstellen – und das gilt ja nicht nur für Sehbehinderte: Man entwickelt ein ganz spezifisches Bild von einer Person, das sich dann zum Quadrat steigert.

Zum Quadrat?

Riesengroße Brüste. In Wirklichkeit sind sie vielleicht auch nicht zu verachten, aber deutlich kleiner.

Eine Übertreibung des Positiven?

Ja, man könnte auch sagen: Die Frau ist super, hat aber keine Brüste. Die bastle ich ihr dann.

Und die bleiben oben?

Immer! *(Lacht.)* Aber im besten Fall brauchst du kein Kopfkino. Im besten Fall hast du eine Frau, die alles hat, was du brauchst. Modifizieren ist nur dann nötig, wenn die Voraussetzungen nicht stimmen.

Welche Rolle spielt die Akustik im Bett?

Der Hörsinn ist wichtig, wenn du dir einen Sexfilm anschaust ... Nein, das stimmt so eigentlich nicht. Der Hörsinn spielt eine nicht zu unterschätzende Rolle beim Sex: Es gibt Geräusche, die durchaus erregend sind.

Stöhnen?

Nicht explizit Stöhnen. Vielleicht eher, ob das Bett knarrt, ob Vögel im Freien zwitschern. Beim Sex wird die Wahrnehmungsfähigkeit gesteigert. Du bekommst alles viel stärker mit – die umliegenden Geräusche und die Geräusche, die beim Akt entstehen.

Wenn du sexuell erregt bist, dann schärft das deinen Hörsinn?

Bilde ich mir schon ein.

Und der Geruch?

Der ist natürlich allgegenwärtig. Aber im Bett analysierst du das nicht mehr. Wenn eine Frau süß riecht, riecht sie einfach süß – aber ich weiß nicht genau, wie. Da wirst du eins mit der Frau.

Einer der für mich spannendsten Aspekte an diesem Gespräch ist, dass du als blinder – fast blinder – Mann sehr schön bist. Du erfüllst die Kriterien in einem System, an dem du nicht wirklich teilnimmst.

Ich bemühe mich, immer ordentlich angezogen zu sein. Bei der Arbeit trage ich Hemd und Jeans, nicht irgendein kragenloses T-Shirt. Mir ist das nicht egal. Das ist ein Schritt, den du machen musst, den aber nicht viele Blinde setzen. Manchmal fehlen die finanziellen Mittel, oft aber auch jemand, der dir das Wissen mitgibt, wie du dich anziehen solltest, und wie wichtig das ist. Ich habe großes Glück gehabt mit meiner Familie, nicht nur in dieser Hinsicht.

Mit schön habe ich eigentlich nicht deine Kleidung gemeint.
(Lacht) Für mich gehört das zusammen: Kleidung und Aussehen. Unpassende Farben tragen, Farben schlecht zu kombinieren – das geht gar nicht! Und ich achte schon auf mich. Du darfst deine Behinderung nicht in dich hinein fressen, sonst wirst du immer dicker. Ich gehe Schifahren, Radfahren, ins Fitnessstudio. Bei uns ist die ganze Familie sportlich. Ich brauche den Sport. Du darfst nicht in Selbstmitleid verfallen, da kannst du dich gleich abschreiben.

Wärst du lieber mit einer Frau zusammen, die blind ist oder die sehen kann?
Lieber mit einer Frau, die sehen kann. Meiner Erfahrung nach hat man mit einer blinden Frau noch mehr Einschränkungen als ohnehin schon. Blinde Frauen haben gewisse Hemmschwellen ...

Hemmschwellen?
Sie wollen vielleicht nicht so viel unternehmen, weil sie vieles kaum machen können: Sport, ausgehen, solche Dinge.

Aber ich will keine Frau, die dauernd daheim hockt.

Sind blinde Frauen besser im Bett als sehende?
Ich weiß es nicht. Ich hab den Vergleich nicht. Ich habe noch nie mit einer sehenden Frau geschlafen.

Glaubst du, dass es so ist? Es gibt doch dieses Klischee, wonach blinde Menschen bessere Liebhaber seien.
Ich glaube nicht, dass das so ist. Ich habe das auch noch nie gehört.

Es ist dir nicht bewusst, dass du als blinder Mann eine Frauen-phantasie darstellst?
Was?

Egal, welcher Frau ich von unserem Gespräch erzählt habe, immer kam eine Oh-la-la-Reaktion.
(Lacht.) Nein, also, das ist mir wirklich neu!

Wie reagieren sehende Frauen im Allgemeinen auf dich?
Ich kann keine allgemeine Reaktion ausmachen. Sie sind weder besonders bemüht noch besonders ablehnend.

Verhalten sich Frauen dir gegenüber genauso wie gegenüber Männern, die sehen können?
Wahrscheinlich nicht. Aber worin der Unterschied besteht, das kann ich beim besten Willen nicht sagen. Wenn

ich das sagen könnte, hätte ich eine Lösung für viele Dinge. Dann wüsste ich, wo ich ansetzen sollte und würde mir bei Frauen viel leichter tun.

Ist wichtig für dich, was die Sehenden von dir denken – oder andere Menschen im Allgemeinen?
Nur die Sehenden. Blinde haben nur bedingt eine eigene Meinung.

Wonach richten sich die meisten Blinden, wenn sie keine eigene Meinung haben: nach Sehenden?
Meiner Meinung nach, ja. Aber ich will das auch nicht kritisieren. Ihre Möglichkeiten sind eingeschränkt, deshalb müssen sie auf das zurückgreifen, was von den Sehenden kommt. Du kannst dich nur nach dem richten, was du kennst. Bevor du es kennst, musst du es lernen. Von wem lernst du es? Von Sehenden, ist ja ganz klar.

Aber es gibt doch sehr viele andere – abstrakte oder akustische – Ebenen, auf denen Blinde mindestens ebenso gut sind, oder?
Das Visuelle ist sehr, sehr wichtig. Es gibt zum Beispiel die Körpersprache, und die ist entscheidend.

Blinden geht also sehr viel an Information ab?
Ich glaube schon – außer du bist extrem gut drauf. Du könntest aufgrund des Tonfalls eine Handbewegung ausmachen, aber das geht nur unter ganz bestimmten Voraussetzungen.

Idealerweise kennst du deinen Gesprächspartner sehr gut. Dann weißt du, wenn er die Stimme hebt, macht er diese oder jene Bewegung dazu.

Was interessiert dich daran: Ob der andere die konkrete Handbewegung macht, oder was ihn dazu veranlasst?
Was ihn bewegt. Es geht um seinen Beweggrund.

Glaubst du, dass sich Blinde in ihrem Sexualverhalten von Sehenden unterscheiden?
Den größten Unterschied gibt es wahrscheinlich in den Phasen vor dem Sex. Aufgrund der Behinderung wissen sie nicht, wie sie sich verhalten sollen, deshalb sind sie zunächst sehr zurückhaltend. Blinde warten auf eindeutige Signale des anderen, um dann agieren zu können – oder auch nicht. Beim eigentlichen Akt dann ist es vermutlich nicht mehr so wichtig, denn der ist gefühlsbezogen.

Könnte es sein, dass Du beim Sex mit einer sehenden Frau gehemmter wärst?
Was ich mir gut vorstellen kann, ist, dass da eine anfängliche Hemmung wäre, die sich dann auflöst. Mit blinden Frauen sind diese Hemmungen nicht vorhanden. Da spielt man dann vielleicht den Überlegenen.

Was suchst du: Möchtest du lieber unverbindlich mit möglichst vielen Frauen Spaß haben oder suchst du eine feste Beziehung?

Ich suche eine feste, länger dauernde Beziehung – in der auch der Spaß nicht fehlen darf.

Weil du wirklich lieber eine feste Freundin hättest oder weil Affären so schwer zu organisieren sind?

Es geht mir nicht nur ums Organisatorische. Aber natürlich spielt das eine entscheidende Rolle: Eine längere Beziehung wäre für mich leichter umsetzbar als kurze Geschichten. Und ich bin jetzt nicht der Typ, der so viel aufreißt. Ich bin auch bequem. Ich will das nicht, dass die Frauen so schnell wechseln. Ich hätte lieber längere Zeit eine feste Freundin, weil man dann besser aufeinander eingehen kann.

Wäre das auch so, wenn du sehen könntest?

Höchstwahrscheinlich nicht. Ich bin in der Situation, in der ich nun mal bin, und das prägt meine Wünsche. Wenn ich sehen könnte, hätte ich andere Möglichkeiten, einen anderen Umgang, dann ginge mehr. Ich würde mehr Frauen ins Bett bekommen.

Meine aktuelle Vorstellung von Glück

Maria Wlassow

VON: »Wolfgang Sieler« ‹wolfgang.sieler@online.at›
AN: »Fragen und Antworten rund um Computer«
   ‹orakel@blindzein.net›
AN: »Martina Haas« ‹spreenixchen@directbox.com›
GESENDET: 01/12/03 19:36
BETREFF: (Orakel) Motz

Liebes Spreenixchen! Liebes Orakel!

Ich wünsche DIR / EUCH einen wunderschönen Abend!

Ich möchte DIR, liebes Spreenixchen völlig recht geben! Es ist noch kein Meister vom Himmel gefallen und es diktiert der gesunde Menschenverstand und die guten Sitten, dass eine Frage höflichst und bereitest und willigst beantwortet werden soll, sofern man sich über die Antwort im Klaren ist. Dies ist hier eine Mailingliste für computerinteressierte Blinde und die, die es noch werden wollen und alle hier haben mal mit dem »Computerisieren« begonnen und niemand soll DICH blöd anmachen, wenn DU eine Frage stellst. Die ewig herumnörgelnden, allwissenden Genies sollen sich der Tatsache bewusst sein, dass es auch in ihrem Leben Dinge gibt, mehr als sie vielleicht glauben, die sie nicht wissen.

Ich kann an diesem Punkt auch mal eine Frage zur Diskussion stellen:

Was sind die Ursachen eines merkaptanen Böcksers?

Und? Wer macht mich jetzt blöd an?

Liebe Grüße, Wolfgang

VON: »Wolfgang Sieler« ‹wolfgang.sieler@online.at›
AN: »Martina Haas« ‹spreenixchen@directbox.com›
GESENDET: 02/12/03 10:45
BETREFF: *sehr gern!*

Liebes Spreenixchen!

(Bitte sag DU, das wird ja sonst anstrengend)

DANKE für DEIN E-Mail, ich habe mich sehr gefreut! Schön, dass DU jemanden vor Ort gefunden hast, der DIR mit dem PC helfen kann. Andernfalls bin ich jederzeit bereit über Elektropost Ratschläge aus Österreich zu schicken.

Also, fröhliches Werken!

Liebe Grüße, Wolfgang

VON: »Wolfgang Sieler« ‹wolfgang.sieler@online.at›
AN: »Martina Haas« ‹spreenixchen@directbox.com›
GESENDET: 03/12/03 12:26
BETREFF: Gerne

Liebes Spreenixchen!

Zuallererst: DEIN einfaches, forderndes »Schreib mir!« hat mich frech in die Mitte getroffen und stachelt mich dazu an, DIR mein Innerstes auszuschütten.

Außerdem: Ich habe zu danken, es war mir ein ritterliches Vergnügen DICH aus dem Bann dieser ungehobelten Orakeluser zu erretten! Darüber hinaus danke ich DIR für DEIN ausgiebiges und ehrliches und einfach auch schönes E-Mail.

Bei all den Fragen, die DU mir gestellt hast, frage ich mich, wo anfangen? In welcher Reihenfolge? Und was davon ist wirklich wichtig? Sympathisch finde ich, dass DU nicht sofort gefragt hast »Was machst DU so im Leben?«

Beginnen will ich mit DEINER Frage nach meiner Befindlichkeit, mit welcher es nicht zum Besten steht, da mein Arbeitgeber mir die Energie absaugt, ohne dass es die Möglichkeit gäbe, neue aufzuladen. Demzufolge gehe ich schon auf dem Zahnfleisch (warum geht man eigentlich auf dem Zahnfleisch? Und: geht man auch in Deutschland auf dem Zahnfleisch, oder nur in Österreich?).

Schreib mir!

Liebe Grüße, Wolfgang

VON: »*Wolfgang Sieler*« ‹*wolfgang.sieler@online.at*›
AN: »*Martina Haas*« ‹*spreenixchen@directbox.com*›
GESENDET: 05/12/03 11:23
BETREFF: *verspielt*

Liebes Spreenixchen!

(Hier sollte etwas Nettes stehen. Wenn DIR irgendwo was
Nettes begegnet, nimm es mit nach Hause. Es ist von mir.)

Was meinst DU mit DEINEM Mail? Kann ich es überhaupt verstehen? Ich schätze, DU wirst gleich merken, dass
ich ziemlich hilflos ein paar großen Ideen gegenüber sitze. DU machst es einem nicht einfach, aber ich nehme die
Herausforderung an. Speziell nach meinem jämmerlichen
Anfall gestern zu Mittag.

Das Bewahren von persönlichen Geheimnissen hat
mein Ego bis dato davor bewahrt, in ein entsubjektiviertes
Loch zu stürzen. Aber DU bringst mich ein wenig aus der
Fassung. Und das ist auch gut so, weil es immer wieder gut ist
Fassungen zu sprengen und ausufernd nach mehr zu gieren.
Ich finde es spannend, dass DU einer Person, die DU nicht
kennst, so offen gegenübertreten kannst, ich will dem um
nichts nachstehen.

Nun einige Eckdaten: Ich arbeite in einem Spital in einer
kleinen Stadt ca. 80 km von Wien entfernt, ich bin sozusa-

gen Buchhaltung und Personalabrechnung in einer Person. Ich habe mein eigenes Büro und 3 Mitarbeiter, die mir abwechselnd bei meiner Tätigkeit behilflich sind. Es sind jetzt 11 Jahre, in denen ich dort arbeite.

Ich bewohne den oberen Stock des Hauses meiner Mutter ein paar Kilometer von dem Spital entfernt, wo ich die meiste Zeit an meinem Computer bastle, oder vor meinem »Spucki« (meinem kleinen CD-Player) verbringe, um mir Hörbücher reinzuziehen. Meine Mutter und ich ignorieren uns meistens sehr erfolgreich und wir werden immer besser darin. Und: Nein, ich war nicht immer blind. Bis zu meinem 10. Lebensjahr hatte ich noch einen kleinen Rest Sehkraft, daher habe ich die Volksschule noch mit sehenden Kindern zusammen in meinem Dorf besucht. Was in doppelter Hinsicht prägend für mich war. Stichwort: Integrationsopfer!

So weit, so viel. Mehr auf Anfrage.

Liebe Grüße, Wolfgang

P.S.: Erzähl mir von Berlin, damit ich mir vorstellen kann, wie und wo DU lebst.

VON: »Wolfgang Sieler« ‹wolfgang.sieler@online.at›
AN: »Martina Haas« ‹spreenixchen@directbox.com›
GESENDET: 05/12/03 15:01
BETREFF: Chaos

Liebes Spreenixchen!

DEINE Neugierde geweckt zu haben, ist das sehr gefährlich?

Ich habe keine Zeit und bin froh über die Zeit, die ich mir nehme, um DIR zu schreiben. Wenn auch nur kurz, aber dies bedeutet mir viel und soll mir Kraft geben. Ich bearbeite gerade die Monatsabrechnung, was mich daran hindert, dass sich meine Gedanken noch intensiver mit DIR beschäftigen.

Zum Thema Chaos: Ich lob mir das Chaos. Das Chaos ist Abbild und Perspektive des Lebens. So stelle ich mir gerade Berlin vor.

Es tut mir sehr leid, dass DU DICH von DEINEM Blindenhund trennen musst. Aber sofern DU schon länger Probleme mit ihm hattest, solltest DU mehr auf DICH schauen. Ich selber habe keinen Blindenhund und ich werde es mir auch für die Zukunft gut überlegen. Speziell nachdem ich DEINE Ausführungen gelesen habe.

Vielleicht hat DEIN beinahe zärtliches »sei nicht einsam« dem gestrengen Herrn oben im Himmel zur Einsicht verholfen.

Neugierige und liebe Grüße!
Wolfgang

VON: »Wolfgang Sieler« ‹wolfgang.sieler@online.at›
AN: »Martina Haas« ‹spreenixchen@directbox.com›
GESENDET: 07/12/03 17:11

BETREFF: *wo anders*

Liebes Spreenixchen!

Ich wünsche DIR einen wunderschönen Abend!

Ich habe mit großem Interesse DEIN Schreiben gelesen und ich danke DIR für ein weiteres Stück in meinem Spreenixchen-Bild! Es hilft mir ein wenig zu verstehen, wer DU jetzt bist und warum DU so geworden bist! Ich habe noch wenige Eltern kennen gelernt, die ihren behinderten Kindern nicht das Gefühl vermittelt haben zu einer ausgegrenzten Randgruppe zu gehören.

Aber glücklicherweise hast DU es geschafft, DICH zu lösen und DU konntest ungetrübt von elterlicher Aufsicht DEINE Erfahrungen und Fehler machen. Und DU bist an all dem gewachsen und gereift und hast DIR DEINE Urfrohheit nicht nehmen lassen! Dafür bewundere ich DICH zutiefst! Der Gedanke ist tröstlich, dass es anderswo auch Mütter gibt, die dominant ihre Kinder, behindert, oder nicht, bevormunden und ihnen ihren Willen aufzwingen wollen.

Ich verurteile nicht manche falsche Entscheidung, aber es gibt Grenzen. Das habe ich auch langwierig lernen müssen.

Ich freue mich über DEINE Erzählungen und, sofern ich es nachvollziehen kann, erfüllt es mich mit Stolz eine solch starke Frau kennenlernen zu dürfen!

Wolfgang

VON: »Wolfgang Sieler« ‹wolfgang.sieler@online.at›
AN: »Martina Haas« ‹spreenixchen@directbox.com›
GESENDET: 09/12/03 20:30
BETREFF: Blechi

Liebes Spreenixchen!

Ich will DEINE Frage nach dem Aussehen kurz, und ich hoffe, effektiv beantworten:

Mir ist egal wie jemand aussieht.

Ich verstehe die Einstellung mancher Blinden und Sehbehinderten nicht. Schon gar nicht verstehe ich, wenn sie eine Zahnpastaschönheit an ihrer Seite haben wollen und noch dazu eine, die sieht. Ich glaube Qualitäten zu haben, die das Manko des Nichtsehens mehr als aufwiegen und ich bekam schon einige Male gesagt, dass ich tageslichttauglich bin. Zumindest manchmal. Und: Ich stelle mir nichts vor! Ich bin neugierig, ich freue mich über DEINE langen, knisternden E-Mails. Natürlich frage ich mich, wie wohl DEINE Stimme klingt, welche Geräusche erklingen, wenn DU durch den Raum gehst und welchen Duft DU verbreitest, aber meine Neugierde nach DIR ist zurzeit unerschütterlich, speziell in Anbetracht solcher Oberflächlichkeiten.

Was ich sagen will: Martina, in manchen Momenten ist es wunderbar, an einen Menschen zu denken, der vertrauensvoll, neugierig und glücklich der Welt gegenüber tritt. Und dieser Mensch bist DU.

DEIN, DICH innigst grüßender Wolfgang

P.S.: Meinen PC nenne ich, sofern er artig ist, Blechi!

VON: »Wolfgang Sieler« ‹wolfgang.sieler@online.at›
AN: »Martina Haas« ‹spreenixchen@directbox.com›
GESENDET: 11/12/03 12:19
BETREFF: Achtung!

Liebes Spreenixchen!

Bin tatsächlich wieder mal an meinem Arbeitsplatz.

Der gestrige Tag war das reinste Trauerspiel, der heutige ist fast noch schlimmer.

DU wirst heute herhalten müssen, entschuldige bitte. Falls DU beim Lesen dieser Zeilen depressiv werden solltest: Es gibt links oben die Escape-Taste, mit der DU das alles beenden kannst.

Wenn ich mir den Kopf zerbreche, weswegen ich mich bei DIR noch zu entschuldigen hätte, rollt eine weitere schwarze Welle über mich hinweg, lassen wir das. Ich habe dieser Tage versucht ein wenig rauszukommen, spazieren zu gehen, doch meine Mutter hat mich immer wieder unter irgendeinem Vorwand zu Hause behalten. Wie demütigend! Und zu Hause rennen dann die Gedanken im Kreis. Sobald man sich Gedanken über sich selbst macht, ist man nicht mehr als ein Gegenstand, verfaulendes Fleisch. Sätze darüber zu hören, was andere über einen denken, kann nicht wertloser sein.

Ich sollte endlich heraus aus mir selbst, die Beschäftigung mit meinem eigenen Elend zur Fußnote machen.

(klarer Fall von Bemusung)

ein kleiner Kuss, Wolfgang

P.S.: wenn man sich der Zeit nicht bewusst ist, ist sie sich DEINER nicht bewusst und berührt DICH nicht, geht einfach vorbei. Das ertrag ich manchmal schwer.

P.P.S.: So. So ist das. Heute bin ich ein Jammerlappen. Vielleicht aber ein überarbeiteter, sympathischer Jammerlappen, das musst DU entscheiden. Zumindest ein sehr neugieriger, äußerst wissbegieriger solcher, welcher gerne DEINE Finger auf der Tastatur tanzen sehen will.

VON: »Wolfgang Sieler« ‹wolfgang.sieler@online.at›
AN: »Martina Haas« ‹spreenixchen@directbox.com›
GESENDET: 13/12/03 02:54
BETREFF: *Keine Sorge!*

Liebstes Spreenixchen!

Nein, kein Grund zur Sorge! Das kann passieren, speziell unter deprimierenden Arbeitsbedingungen. Aber ich möchte DIR danken, dass DU DICH trotzdem überwunden hast, und mir DEIN Herz offenbartest. Es ist in Ordnung und DU weißt hoffentlich, dass DU mir auch nicht egal bist. Ich bin in so konkreten Äußerungen nicht besonders gut.

DU kannst mir alles sagen, ich sauge alles wissbegierig auf! Gerne käme ich auch DEINEM Wunsch nach über ehemalige Lieben zu schreiben, aber leider muss ich DICH enttäuschen. Bis auf einige »Liebesabenteuer« (wobei das wirklich der falsche Ausdruck dafür ist) kann ich mit keinen Erfahrungen angeben. Körperlichkeit gab es, aber ich habe weder glückliche oder unglückliche Beziehungen geführt, habe noch keine Frau in den Wahnsinn getrieben, habe niemanden betrogen, bin nicht betrogen worden, habe die gesamte Palette an Beziehungsdramen aus meinem Leben ausgeklammert. Warum? Weil es mich nicht interessiert hat bzw. weil ich noch nicht die Richtige gefunden habe.

Nun wünsche ich DIR eine wunderschöne gute Nacht und träum was Schönes!

Liebe Grüße, Wolfgang

P.S.: Wegen der Musik: Es wäre mir eine Ehre, wenn DU mich an DEINEM Musikgeschmack teilhaben lässt. Ich bin da leider sehr unbeleckt.

VON: »Wolfgang Sieler« ‹wolfgang.sieler@online.at›
AN: »Martina Haas« ‹spreenixchen@directbox.com›
GESENDET: 15/12/03 11:19
BETREFF: unter der Dusche

Allerliebstes Spreenixchen!

Ich weiß nicht wie ich anfangen soll. Ich bin fleischgewordener Pathos!

Fakt ist: DEIN Lied hat mich tief berührt.

Wenn ich mir vorstelle, dass DU jeden Morgen dieses Lied unter des Dusche singst...

Könntest DU mir nicht ein Audiofile aufnehmen mit DEINEM Gesang? (Das Geplätscher des Wassers kann ich auch hier nachstellen)

DANKE, innigst, DEIN Wolfgang

VON: »Wolfgang Sieler« ‹wolfgang.sieler@online.at›
AN: »Martina Haas« ‹spreenixchen@directbox.com›
GESENDET: 17/12/03 07:23
BETREFF: *Mittwoch*

Liebes Spreenixchen!

Ich wünsche DIR einen wunderschönen Morgen!

DEINE Mittwochslieblingsbeschäftigung ist??? (sag nie wieder, dass DU nicht geheimnisvoll bist)

Erstens: Dem Denken sind keine Grenzen gesetzt.

Zweitens: Ich wünsche keinem Gedanken leer zu sein.

Drittens: Wenn ich noch einmal lesen muss, dass DU mir etwas nicht schreiben willst, weil DU denkst es könnte mich langweilen, oder nerven, zerspringe ich, bei Gott!

Da DICH interessiert, wie ich jetzt denke, hoffe ich, dass

DU weißt, wie sehr ich mich über DEINE Mails freue und wie sehr ich DICH (und nicht nur DEINE Mails) schätze. Sollte mir das Glück beschieden sein DICH länger und näher zu kennen, so wirst DU die Erfahrung machen, dass ich einige schlechte Eigenschaften habe! Eine davon ist, dass ich mit Gefühlsäußerungen, ob positiv oder negativ eher sparsam, um nicht zu sagen, zurückhaltend umgehe. Nenne es Vorsicht oder Unfähigkeit! Trotzdem möchte ich DIR sagen, dass ich mich einer Woge der Zufriedenheit nicht erwehren kann, sobald ich an DICH denke. Ich gebe aber zu bedenken, dass zwischen uns viele Kilometer liegen und dass ein persönliches Treffen diese Zuneigung vielleicht zerplatzen lässt.

Diesbezüglich bist DU sicherlich viel erfahrener und mutiger als ich.

treu(herzig), Wolfgang

P.S.: Es ist heute ein Ausnahmezustand, aber gerade das garantiert, dass ich keine Komplimente mache, sondern nur schreibe, was ich fühle. DU bedeutest mir sehr viel (und bei einem versteckten, großen Einzelgänger wie mir, heißt das was!)

VON: »*Wolfgang Sieler*« ‹*wolfgang.sieler@online.at*›
AN: »*Martina Haas*« ‹*spreenixchen@directbox.com*›
GESENDET: *18/12/03 19:12*
BETREFF: *Angst?*

Liebes, geduldiges Spreenixchen!

Nein, verstehe mich bitte nicht falsch! Ich habe keine Angst vor Enttäuschungen. Oder besser, ja ich habe Angst vor Enttäuschungen, aber das ist mein Bier, das hat nichts mit DIR zu tun. Ich bin jetzt schon fest davon überzeugt, dass DU der begehrenswerteste, offenste, liebevollste, interessanteste, leidenschaftlichste Mensch bist, den ich bis jetzt kennen lernen durfte. Daran würde auch ein Treffen nichts ändern. Ich bin mir da aber bei mir nicht so sicher. Ich bin nun mal ein Höhlentier, das selten ans Licht geht. So ist das.

Trotzdem dich umarmend, Wolfgang

VON: »Wolfgang Sieler« ‹wolfgang.sieler@online.at›
AN: »Martina Haas« ‹spreenixchen@directbox.com›
GESENDET: 21/12/03 08:05
BETREFF: Entschuldige!

Liebes Spreenixchen!

Ich wünsche DIR einen wunderschönen Morgen!
Es hat ein wenig länger gedauert und ich hoffe nicht, dass DU gedacht hast: »Der meldet sich nicht mehr!« Diesen Gedanken schlag DIR aus dem Kopf. DU wirst mich so schnell nicht mehr los! Ich hatte ein kleineres Problemchen mit meinem PC. Ich dürfte bei der letzten PC-Entrümplungsaktion

zu viele Programme gelöscht haben. Das ganze Wochenende lang habe ich versucht, das in den Griff zu bekommen, ein frustrierendes Unterfangen.

Auf DEINE Frage nach meiner Definition einer funktionierenden Partnerschaft: Zwei lernbereite, zum Wachstum willige, in sich ruhende, Persönlichkeiten, die zwar gut und gerne allein leben könnten, aber aus Gründen, die sich jeder menschlicher Vorstellungskraft entziehen, weil Liebe nicht zu erfassen ist, trotzdem zusammen leben. Das wären für mich die besten Voraussetzungen.

Muss nun wieder an die Arbeit, ob ich will oder nicht, aber ich muss mir meinen Urlaub schon verdienen.

Bussi (eines der unerotischsten Wörter, die ich kenne),
    Wolfgang

P.S.: Luftsprung hingegen ist ein schönes Wort. Inhaltlich vermittelt es Leichtigkeit und lautmalerisch Originalität. Auf eine altmodische Art unernst, wenn man es oberflächlich liest, es kann allerdings auch bedeuten, dass die Luft einen Sprung hat. Diesen Eindruck habe ich manchmal, wenn ich nachts nicht schlafen kann und an meine E-Mail-Freundin denke. Luftsprung! Einfach ein schönes Wort. Nicht so vulgär wie Bussi oder Atombombe (grauslich). Jetzt ist es aber genug.

VON: »Wolfgang Sieler« ‹wolfgang.sieler@online.at›
AN: »Martina Haas« ‹spreenixchen@directbox.com›
GESENDET: 23/12/03 21:12
BETREFF: vorweihnachtlich

Liebstes Spreenixchen!

Eigentlich war ich motiviert DIR schon im Vorfeld ein schönes Weihnachtsfest etc. zu wünschen, weil ich immer noch nicht sicher bin, ob ich DIR von zu Hause aus werde schreiben können, aber DEIN E-Mail hat mich hart erwischt und ich muss DIR nun auch gleich gestehen: Ich hasse Weihnachten! Wenn ich könnte, würde ich jährlich in ein Land fahren, wo es das nicht gibt. Nach Saudi Arabien, in den Kongo, was weiß ich. Aber das tue ich natürlich nicht.

Meine Familie ist mir total lästig zur Zeit, was nur an mir liegt, und ich tagträume von persönlicher Unabhängigkeit weit weg von all dem. Ich bin ewig müde von ihnen und ich spüre nicht einmal mehr das perverse Verlangen, das in seiner umfassenden Grausamkeit auszukosten.

Ich erwarte mit Schrecken die Familienmitglieder, die sich bei dem jährlichen Stelldichein unter falschen Danksagungen Unterwäsche und Socken schenken, als wäre das der Gipfel der Intimität.

Ich werde mich heimlich betrinken.

Trotz allem wünsche ich DIR ein gutes, schönes, friedliches Weihnachten.

Kuss, Wolfgang

VON: »Wolfgang Sieler« ‹wolfgang.sieler@online.at›
AN: »Martina Haas« ‹spreenixchen@directbox.com›
GESENDET: 24/12/03 22:49
BETREFF: carpe noctem

Allerliebstes Spreenixchen!

Während DU das liest, ist diese Nacht längst vorüber.

Ich bin fürchterlich betrunken und habe irrationale Angst vor Verachtung und Kälte. Dass dem Denken keine Grenzen gesetzt sind, ist wahrscheinlich eine der großen Katastrophen!

Ich habe mich in meinem Kämmerchen eingeschlossen, meine Familie tobt einen Stock tiefer, aber ich habe den ganzen Abend an DICH gedacht und auch über mich nachgedacht und bin zu dem Schluss gekommen, dass ich Angst habe. Große Angst und ich habe lange überlegt, ob ich das Folgende schreiben soll. Und ich schreibe es jetzt!

Bitte! Ich will DICH treffen! Nein, ich muss DICH treffen.

Ich musste feststellen, dass alles zum ersten Mal seit langem gut ist und ich langsam zu Ruhe und Mut komme und sogar in der Lage bin mich mit mir selbst auseinanderzusetzen, was ich stets vermieden hab. Das ist nur DEIN Verdienst.

Zeit zählt nicht mehr, alle Definitionen haben ihren rechten Platz gefunden und verblassen neben der einzigen

Wahrheit: Ich bin glücklich in Gedanken an DICH.

Und: Ich will DEINE Stimme hören, DEINE Hand berühren und vieles mehr. DEINE E-Mails haben mich hineingesogen in eine Martinawelt, die ich nun aber auch be-greifen möchte.

Ich wünsche DIR einen leichten Morgen.

Immer noch DEIN Wolfgang

VON: »Wolfgang Sieler« ‹wolfgang.sieler@online.at›
AN: »Martina Haas« ‹spreenixchen@directbox.com›
GESENDET: 25/12/03 18:46
BETREFF: Natürlich

Liebstes Spreenixchen!

Und wie gerne würde ich DICH in die Arme nehmen!

Natürlich will ich DIR alles beibringen und alles vermitteln und will an DIR und mit DIR wachsen. Und ja vielleicht hassen wir uns dann, weil die Chemie nicht stimmt, oder vielleicht sind wir füreinander bestimmt, oder vielleicht werden wir beste Freunde. Ich weiß das alles nicht, aber ich will es herausfinden. Ich weiß nur, ich bin jetzt schon süchtig nach DIR und am liebsten würde ich einfach zu Silvester zu DIR nach Berlin kommen und das neue Jahr in einer Umarmung mit DIR bestreiten und den Neujahrstag mit DIR am Frühstückstisch sitzen. Das ist meine aktuelle Vorstellung von Glück.

Mehr bleibt nicht zu sagen und mehr bleibt nicht zu wünschen. Es ist so.

DICH küssend, Wolfgang

VON: »*Wolfgang Sieler*« ‹*wolfgang.sieler@online.at*›
AN: »*Martina Haas*« ‹*spreenixchen@directbox.com*›
GESENDET: *26/12/03 11:07*
BETREFF: *Praktisches*

Liebste Martina!

DU wolltest es so! Es gibt natürlich einen Flug. Ich käme am 31. um 17:20 in Berlin Tegel an. Rückflug wäre am 6. Jänner gegen 11 Uhr vormittags.

Vielleicht wird es unmöglich werden, vielleicht sind WIR unmöglich, aber wer ist schon möglich?

Sag ja und ich buche!

In Erwartung DEINER Antwort!
Wolfgang

VON: »*Wolfgang Sieler*« ‹*wolfgang.sieler@online.at*›
AN: »*Martina Haas*« ‹*spreenixchen@directbox.com*›
GESENDET: *28/12/03 10:14*
BETREFF: *JA!*

Wir sind verrückt, aber es fühlt sich so richtig gut an! Es fühlt sich sogar so gut an, dass ich mich über die Tafel Schokolade hermachen werde, sobald dieses E-Mail weg ist!

Ich will DIR nur sagen, wenn DU DICH mit mir einlässt, dann ist das für immer! Mit allen Vor- und Nachteilen! Also überleg es DIR genau und wähle gut!

Schreib mir, schreib mir, was DU jetzt gerade denkst!

DEIN DICH umarmender Wolfgang

VON: »*Wolfgang Sieler*« ‹*wolfgang.sieler@online.at*›
AN: »*Martina Haas*« ‹*spreenixchen@directbox.com*›
GESENDET: *29/12/03 16:11*
BETREFF: *Sehnsucht*

Liebes, leidenschaftliches Spreenixchen!

Bitte! Verzeih mir. Es hat alles ein bisschen länger gedauert, ich musste Diskussionen mit meiner Mutter ausstehen.

Bitte zweifle nicht! Ich weiß, was ich fühle und würden uns jetzt im Moment nicht einige Kilometer trennen, würde ich es DIR zeigen, sodass es für DICH an meiner Sehnsucht und Leidenschaft keinen Zweifel geben könnte! An meiner festen, alles fordernden Umarmung würdest DU erkennen, was ich in Worten niemals ausdrücken kann. Und meine Lippen und Hände würden DICH niemals vergessen lassen, wie sehr sie DICH begehren, DICH wollen und DIR alle Zärtlichkeiten geben wollen, die jemals ein begehrter Mensch auf dieser Welt zu ertragen im Stande war. Aber dieses große Etwas in Worte zu kleiden, die wir kleine Menschen fassen können, vermag ich nicht. Es treibt mich in den Wahnsinn noch einen Tag länger zu warten und ich versuche mich permanent abzulenken, was überhaupt nicht funktioniert. DU sollst nur wissen, dass all mein Denken und Tun nur auf diesen Moment übermorgen hinausläuft und dass ich ununterbrochen nur an DICH denke!

DICH küssend und mehr, Wolfgang

P.S.: Noch 49 Stunden bis Spreenixchen!

VON: »Wolfgang Sieler« ‹wolfgang.sieler@online.at›
AN: »Martina Haas« ‹spreenixchen@directbox.com›
GESENDET: 30/12/03 16:18
BETREFF: letztes E-Mail

Liebste!

Ich danke DIR für DEIN langes E-Mail, es hat mir zumindest eine Stunde der Wartezeit bis zu DIR versüßt. Ich finde DU solltest DEIN Schreiben nicht durch ein »Ich hoffe, du denkst jetzt nichts Falsches von mir!« relativieren. Ich freue mich, dass DU mir DEINE Hoffnungen, Wünsche und Fantasien so ausgiebig mitgeteilt hast. Um ehrlich zu sein, DU hast mich ganz schön ins Schwitzen gebracht. Ich kann leider mit nichts dergleichen aufwarten, aber ich verspreche DIR, dass die konkrete Umsetzung meiner Fantasien einen weitaus schöneren Effekt haben wird, als alle Beschreibungen es je vermögen.

Oft denke ich daran wie das alles passiert ist, wie schnell, intensiv und unkompliziert. Das Leben schreibt schon seltsame Geschichten. Ich denke an DICH und ich freue mich auf DEINEN Gesang unter der Dusche, auf den Geruch von Berlin im Winter, auf die Geräusche, die DU machst wenn DU das Frühstück vorbereitest, auf viele Gespräche und auch Schweigen…ich freue mich auf das UNS, das morgen beginnen wird!

DICH mit Küssen überschüttend, DEIN Wolfgang

P.S.: Noch 25 Stunden bis Spreenixchen!

VON: »Wolfgang Sieler« ‹wolfgang.sieler@online.at›
AN: »Martina Haas« ‹spreenixchen@directbox.com›
GESENDET: 31/12/03 08:36
BETREFF: schon am Weg

Liebestolles Spreenixchen!

Ich hatte eine schlaflose Nacht, die ich mit Packen und Musikhören (DU darfst raten!) verbracht habe. Achtung, ich werde also sehr müde sein! Ich bin schon so gut wie aus dem Haus. Ich wollte DICH nur vorwarnen und DIR für die Zwischenzeit einige Küsse schicken, ich hoffe, sie halten bis ich dann da bin. BIS GLEICH!

DEIN sehr aufgeregter Wolfgang,

der es kaum erwarten kann DICH im Arm zu halten, sofern es seine Kräfte erlauben werden!

P.S.: Noch 9 Stunden!

VON: *»Wolfgang Sieler« ‹wolfgang.sieler@online.at›*
AN: *»Martina Haas« ‹spreenixchen@directbox.com›*
GESENDET: 06/01/04 18:11
BETREFF: *zu Hause*

Liebste Martina!

Ich habe mir eine Karte von DIR in meinem Kopf gezeichnet! Heute Nacht während DU schliefst. Von der eingerollten Zehenpartie auf dem rechten Fuß geht eine leichte Kurve den Fuß hinauf zu den Fußgelenken, die einer Süßigkeit gleichkommen, so klein und zierlich sind sie, dort geht eine Kurve nach links und dann lange gerade aus bis zu DEINEM Knie, diesem Knie langsam nach rechts folgend kommt auf einen weichen, runden Weg der in einem aufgerollten Bauch, Decke und viel Pyjama endet. Der Pyjama führt bis in die Ellenbogenbeuge des rechten Arms und wenn man diesem viele Kurven und Kanten entlang folgt und sich nur einen kurzen Moment mit dem fragilen Händchen beschäftigt, berührt man bald DEIN Gesicht, das auf diesem Arm zu liegen gekommen ist und DEINE langen, weichen, duftenden Haare, DEINEN Nacken und muss kurz die Fassung verlieren. Die Fassung wiedererlangt, versucht der Kartenzeichner den Rest des Körpers unter der Masse an Decke zu erforschen und es gelingt nur lückenhaft. Ich werde das nächste Mal genauer arbeiten müssen.

Die Tage mit DIR waren wunderbar, magisch und fern von allen schönen Tagen, die ich mir je erdacht habe.

Ich erwarte DICH in 22 Tagen in Wien am Bahnhof. Ich warte auf DEIN nächstes E-Mail. Ich warte auf DICH mit schwebenden Sinnen und fliegendem Bauch!

In Liebe, Wolfgang

P.S.: Hast DU meinen Pullover gefunden?

Gongyla

Ondřej Cikán

1.

Ich gehe die Straße entlang. Es ist neblig, also hört man auch ferne Geräusche. Ungefähr alle zwanzig Schritte treten schwarze Gestalten aus dem milchigen Vorhang hervor. Ihre Arme, Beine sind lang und dünn, als würde ein viel zu heller Scheinwerfer hinter ihnen leuchten, Hälse haben sie keine, und ihre Köpfe sind schmal. Wenn die Straßenbahn vorbeifährt, klingelt es manchmal. Und das Klingeln klingt selbst aus ferneren Vierteln hierher. Wenn Autobusse schalten, singen ihre Motoren hoch auf. Wenn ich ein Haustor oder einen Durchgang erreiche, weht mir kühlere, frischere Luft entgegen, die sich dort länger gehalten hat als in der restlichen vernebelten Stadt, und dieser Luft entspricht auch das schärfere Echo des Schritts.

Wäre ich lieber zu Hause geblieben! Die Luft hat Fettaugen wie eine Buchstabensuppe, und ihre zerkochten Buchstaben sind wie Leim zwischen Achselhaaren und Hemd. Ich weiß sehr gut, dass es weiter oben nicht so windstill sein kann wie hier zwischen den Häusern, ich weiß, dass auch jetzt dort trotz allem über den Dächern die Dreharme der immer noch gelben Kräne schwingen vor Trauer, dass sie an ihren Betonsockel gefesselt sind und nicht von der Stelle kommen, bis sie endlich einmal vielleicht der Kranführer falsch ausrichtet, ein Windstoß kommt und sie davonfliegen lässt wie Löwenzahnstaub.

An einer Kreuzung hupen vier Schlangen von Autos und malen matte Flecken von Licht, rote, weiße, kraftlose Perlenschnüre. Die Ampeln blinken. Polizisten geben Warnschüsse ab. Ein Esel brüllt. Ich überquere die Kreuzung. Es nieselt. Unter der Ampel erkenne ich einen Mann, der mal wild gestikulierend mit den Polizisten streitet, mal den Esel, der offenbar ihm gehört, da zornig, da kniend am Halsriemen reißt, dass der Esel aufbrüllt, sich aber trotzdem nicht aus der Kreuzungsmitte bewegt.

– Und wenn ein Auto Feuer finge, durchs lange Warten, was dann?

– Die Suppe würde es löschen!

– Ich hätte das Viech ja längst schon erschossen, wenn es nicht gegen die Vorschriften wär!

– Aber Herr Inspektor! Sehen Sie denn nicht, wie freundlich es Sie anblickt?

– Ha!

– Was ha?

– Ha und ich tu es doch! Ich tu es doch! Ich sehe keinen Blick, es ist hier zu neblig, Sie sind eine Bedrohung für unsere Stadt, Sie und Ihr Esel!

– Und ich soll dann die Töpfe und Schalen selbst herumtragen, wie?

– Ja! Es ist mir egal, wer für Sie Ihre Töpfe und Schalen transportiert!

– Aber Herr Inspektor! Das ist nicht nur mein Lasttier, sondern auch mein Freund! Und Sie werden schon mich zuerst erschießen müssen, wenn...!

– Nein! Sie verhaften wir! Handschellen, kennen Sie das?

– Aha? Und was wird aus dem Esel?

– Gngngn...

Ich stehe abseits. Ein Autofahrer hört auf zu hupen, steigt aus und zündet sich eine Zigarette an. Sie wird feucht und geht aus. Er steigt wieder ein und schlägt gegen das Lenkrad. Durch die Buchstabensuppenluft schwimmen: Petersiliestücke, Schnittlauchringe, Zwiebelfasern, vereinzelt weiche Karottenscheiben. Eine Scheibe bleibt auf meiner Stirn kleben. Karotte? Der Esel weitet die Nüstern, streckt den Hals, spitzt die Ohren. In den Galopp aus dem Stand, und schon ist er bei mir, steigt, wirft mich um, leckt mir das Gesicht, kaut, schluckt. Jetzt steht er wieder ohne sich zu rühren. Der Eseltreiber kommt gelaufen, entschuldigt sich, hilft mir wieder auf die Beine. Die Polizisten freuen sich, die Autofahrer noch mehr. Sie steigen aufs Gas und verursachen auf dem glitschigen Boden einen Massenunfall. Rettungshubschrauber werden alarmiert.

Der Eseltreiber stellt sich vor, erklärt mir, warum er in die Stadt gekommen sei, zeigt mir seine Ware, die in großen geflochtenen Körben auf dem Eselsrücken befestigt ist:

Keramik in allen Stilen vom minoischen zum postmodernen. Als seine besten Stücke aber preist er einige schwarzfigurige Amphoren an, von denen er meint, dass nirgendwo auf der Welt, weder am Kerameikos noch an einem anderen Friedhof, hübschere Urnen zu finden wären. Er beschreibt mir die Darstellungen darauf: Leichenspiele für Patroklos, Bestattung der Penthesileia, Klage der Tekmessa. Er will mir eine der Urnen zum Geschenk machen, als kleines Dankeschön. Vielleicht würde ich sie ja einmal brauchen. Ich lache verlegen. Er sieht mich schelmisch an. Dass ich sie doch annehmen solle, sagt er, dass ich es nicht bereuen würde, dass ich sonst unhöflich wäre. Ich nicke also, er legt mir das Gefäß in die Arme.

– Nehmen Sie es! In der Unterwelt ist es finster. Nur ganz wenige sind in der Lage, dort etwas zu sehen. Und ich kenne welche, die brauchen keine Augen dazu.

– Wie bitte?

Sein Esel ist längst weg und jetzt ist auch er selbst im Nebel verschwunden. Ich sehe mir die Urne an: Sie zeigt Orpheus, der mit Hades und Persephone über die Freilassung seiner Frau verhandelt. Und schon jetzt während der Verhandlung blickt er sich nach ihr um. Und unter dem Bild steht wie das Rind pflügt geschrieben:

EINLADUNGZUMZWEIHUNDERT
RETHCIDREDSSERGNOKNETSGIZFNÜF
UNDSEHERAUFKAPTAINARONZWI

FLÖWZMEDDNUNETSREMEDNEHCS
TENJUNIZWEITAUSENDACHTRETSINA
!ARRUH!ARRUHLEIVDNUTNNÜDREVNU

Dann nichts wie hin! Ich war schon lange nicht mehr in
Griechenland und zu Kongressen fährt man doch am liebs-
ten, weil das eine Arbeitsreise ist, auch wenn man keine
Ahnung hat, wovon da immer geredet wird. Und gerade von
der Arbeit der Dichter und Seher habe ich überhaupt kei-
ne Vorstellung, wo ich doch als Doktor der theoretischen
Molekularanatomie eher von der naturwissenschaftlichen
Seite komme.

2.

Ich eile in den Hafen, die Besatzung steht bereit und grüßt.
Ich verstaue die Amphorenurne in meiner Kajüte, kontrol-
liere noch einmal selbst Segel, Seile, Rettungswesten, Navi-
gationsgeräte, Motor, Treibstoff, Wasser, Toilettenventile.
Alles ist klar, die Satellitenbilder sind freundlich, günsti-
ger Wind. Ich gebe ein paar Befehle, werfe den Motor an,
die Seile werden eingeholt, aber da stockt der Motor, stirbt
ab. Der Wind drückt unsere elegante 42-Fuß-Yacht namens
Hermes zurück gegen die Mole. Ein tückischer Algenfisch
hat sich um die Schraube gewickelt und hält sie fest, um unser Auslaufen zu vereiteln. Ich lasse mir die Axt und eine
Angel bringen. Ich steche den Köder auf den Haken, las-

se die Schnur verständig ins Wasser gleiten, bald beißt der Algenfisch an. Als ich seinen langgezogenen Kopf an Deck gezogen habe, hacke ich ihn ab. Inzwischen wurde ein Kaffee gekocht. Ich trinke und warte, bis die Totenstarre des restlichen Fischkörpers nachlässt. Sie lässt nach, der Fisch lässt uns los, wir verlassen das Hafenbecken, Frauen und Kinder winken, wir setzen die Segel und nehmen Kurs auf die Insel Kythera am südöstlichen Ende der Peloponnes, von wo es zum mittleren peloponnesischen Kap, dem Kap Tainaron nicht mehr weit ist.

    – Kap Tainaron also?

    – Ja.

    – Dort soll der Eingang zur Unterwelt sein.

    – Hehe.

    – Hermes bringt uns sicher dorthin.

    – Hoho.

    – Bei diesem Wind sind wir dort flugs!

    – Super Neigung!

    – Jetzt machen wir schon neuneinhalb Knoten!

Die Reise verläuft planmäßig. Der Nebel ist schon im Hafen der Sonne gewichen. Ich fasse mich also in Bezug auf die Vorkommnisse bis zum Erreichen des Ziels kurz: Delphine, Wasservögel, herrliche Landschaften, Sonnenuntergänge, Abendessen, Gulasch, Rindsrouladen, Backhendl.

Und am 31. 5. 2008, 22:05 ein Funkspruch auf Kanal 16, VHF:

    – Yacht Hermes, Yacht Hermes, Yacht Hermes, this is

Tainaron Coastguard, Tainaron Coastguard. Channel two one. Over.

– Tainaron Coastguard, this is Hermes. Channel two one. Over.

Ich schalte auf Kanal 21 um.

– Hermes, Hermes, this is Tainaron Coastguard. You come to the congress? Over.

– Yes. Over.

– Ok. The gate to the underground-harbour will be open soon. We will fire a flare to mark it. Out.

– Message understood. Out.

Und tatsächlich explodiert bald ein Leuchtpistolengeschoß über einer kleinen Bucht auf der östlichen Seite des Kaps. Ich lasse die Segel einholen, starte den Motor. Das sich öffnende Tor des Untergrundhafens wird erkennbar. Es ist schwach beleuchtet und links und rechts davon blinken rot und grün zwei kleine Leuchttürmchen. Bald haben wir es erreicht. Jetzt fahren wir durch. Langsam, ganz langsam. Ich lasse das Ankerlicht, das sich auf der Mastspitze befindet, einschalten, um besser zu sehen, ob die Einfahrt auch wirklich hoch genug ist. Es ist ziemlich knapp gewesen. Hinter uns schäumt das Wasser, das Tor wird wieder geschlossen. Jetzt ist es finster um uns. Ich lasse den Motor zunächst im Leerlauf. Bald zeigt sich, dass wir durch einen Tunnel fahren, der alles andere als gerade ist. Etwa alle dreißig Meter macht er eine Wendung um neunzig Grad, die durch ein Leuchtsignal gekennzeichnet ist. Das Manövrieren ist nicht einfach, aber immerhin ist es hier unter der Erde windstill. Die Besatzung ist nervös. Der Tiefenmesser, der hoffentlich übertreibt, zeigt null Zentimeter unter Kiel an, aber zurück können wir ja nicht mehr. Und wieder eine Kurve, ich muss mich besser konzentrieren, sonst fahren wir gleich irgendwo dagegen, denke ich. Es dauert ewig. Bald ist Mitternacht.

Endlich wird es hinter einer Wendung hell, wir erreichen eine gewaltige Halle. Wir werden von uniformierten Männern, die gelbe Fahnen schwingen, zwischen Schwimmmolen, an anderen Segelyachten, an Kanonenbooten, Klein-U-Booten, Minenlegern vorbei zu unserem Platz gelotst. Dort erwartet uns ein älterer Herr in einem mit Weißgoldfäden durchwirkten und mit silbernen Stieren verzierten weißen Kleid.

– Guten Abend, Herr Cerwenka. Schön Sie zu sehen. Mein Name ist Minos. Ich kümmere mich hier um die kleineren Angelegenheiten und sorge ein bisschen für Ordnung.

– Guten Abend Herr Minos.

– So. So. Dann möchten Sie mir jetzt bitte Ihre Urne vorweisen?

– Gern.

– Hmm. Ein wirklich ausgezeichnet schönes Stück … Und für Ihre Besatzung haben Sie keine Behältnisse?

– Nein, ist das sehr schlimm?

– Kein Problem. Nur zum Kongress darf man halt ohne diese Eintrittskarte nicht. Aber es wird den Herren bestimmt nichts ausmachen, sich ein bisschen, während Sie, Herr Cerwenka, dann beschäftigt sind, in unseren Etablissements zu vergnügen, die denen irdischer Häfen in keinster Weise nachstehen. Es gibt Retsina, unverdünnt, viel und aufs Haus. Hurra. Und Mädchen aus der ganzen Welt.

– Ausgezeichnet. Dankeschön.

– Ach ja. Und es macht Ihnen nichts aus, heute noch auf Ihrem Schiff zu übernachten?

– Aber nein.

– So. So. Seebären also. Schön. Morgen, wenn oben die Sonne scheint, zeige ich Ihnen dann alles. Und wenn Sie etwas benötigen sollten, Herr Cerwenka, rufen Sie doch einfach nach mir. Ich höre alles. Ich schlafe nicht.

– Ja. Danke.

– Dann Gute Nacht.

– Gute Nacht, Herr Minos.

Ich lasse die Besatzung zur Sicherheit unauffällig Wache halten. Zum Abendessen gibt es Erbsensuppe aus der Dose mit Kaviar.

3.

Nachdem Herr Minos meine Urne in einem dafür vorgesehen Regal in seinem Büro verstaut hat, wobei er mich bei dieser Gelegenheit mit seinem Kollegen, Herrn Rhadamanthys, bekannt machen konnte, führt er mich aus der großen Halle. Wir erreichen eine niedrige blaue Eisentür, die sich öffnet. Wir steigen eine Wendeltreppe hinauf.

Währenddessen wird meiner eleganten Segelyacht

Hermes der Mast abgenommen, was bei antiken Schiffen kein Problem wäre. Bei modernen hat das üblicherweise verheerende Folgen, aber die Männer hier wissen wohl, was sie tun. Ein Laufkran verstaut das Schiff dann in einer der Nischen hoch in der Hallenwand. Die Besatzung ist längst schon beschäftigt und vergnügt.

Wir steigen weiter. Dass es nicht mehr weit sei, spricht Minos mir Mut zu. Jeder Schritt auf den leichten eisernen Stufen verursacht ein klirrendes Echo in dem hohen Kamin. Einige Glühbirnen der einfachen Lampen an den weißen Wänden flimmern. Minos öffnet eine Falltür. Sonnenlicht. Vogelzwitschern. Blütenduft. Flieder vielleicht, vielleicht Lilien.

Wir stehen auf einer weiten Wiese. Um uns summen die fleißigen Bienen und die Hummeln und schweben von Blüte zu Blüte, von Strauch zu Strauch. Und überall blühen allerlei Blumen, von denen ich die meisten, glaube ich, noch nie gesehen habe, oder deren Namen mir zumindest unbekannt sind. Immerhin muss man sich als theoretischer Molekularanatom auf diesem Gebiet nicht auskennen. Aber die Hasen, die sich dort im hohen Gras tummeln, vermag ich durchaus zu identifizieren und auch die Pferde und Rinder, die Schafe, Rehe. Den Luchs, der seinen Kopf weiter hinten aus einem blühenden Busch reckt, erkenne ich immerhin nach einigem Überlegen. Marder sitzen in der Wiese und putzen sich die Pfoten. Und unter einer alten Platane ist da ein Teich, wo alle möglichen Wasservögel schreien: Die einen sind Enten, aber die langhalsige Art ist mir schon weniger vertraut und die besonders hübsche langhalsige mit den schlanken Beinen überhaupt nicht… War das auf dem weißen Stein ein Pinguin? Wohl nicht… Die Vögel, die da kreisen, sind Möwen. Man kann springende Fische erkennen. Hin und wieder quakt ein Frosch. Ein Hirsch spaziert vorbei.

Vor uns auf einem Hügel am Rand der Klippen erstreckt sich niedrig und breit das Kongresszentrum, ein Stahlbetonbau aus den siebziger oder achtziger Jahren mit breiten Fenstern. Ein Hirschkäfer startet und jagt wie ein Hubschrauber laut über unseren Köpfen dahin.

Minos legt mir seine Hand auf die Schulter:

– Es ist ganz nett hier, nicht wahr? Vielleicht hübscher als auf Kreta, wo ich König war, bevor ich hier diese Arbeit als Verwalter und Ordnungshüter angenommen habe. Das erste Referat beginnt erst in einer Stunde, wir können also ruhig noch einen kleinen Imbiss zu uns nehmen.

– Gern.

Wir sitzen unter weißen Sonnenschirmen. Spatzen und Meisen hüpfen um die Tischchen herum. Minos lächelt:

– Trinken und essen Sie nur. Ich wollte nur noch ordnungshalber anmerken, Herr Cerwenka, dass es hier auf dieser Wiese tagsüber wirklich sehr hübsch ist, wie gesagt, aber nachts sollten Sie in Ihrem Zimmer bleiben, das man Ihnen noch zeigen wird. Nur zu Ihrer Sicherheit…

– Natürlich. Werde ich im Zentrum oder unten im unterirdischen Hafen wohnen?

– Zerbrechen Sie sich darüber nicht den Kopf, es wird alles zu Ihrer Zufriedenheit sein.

– Ja.

– Ja.

– Der Kaffee ist wirklich ausgezeichnet.

– Das hoffe ich, das hoffe ich, Herr Cerwenka.

4.

Ich sitze im Kongresssaal in der zweiundfünfzigsten Reihe auf der linken Seite. Zwischen den Sitzreihen führt ein breiter Gang zur Rednerbühne. Die Decke ist relativ niedrig. Sie ist mit dunklen, großen, quadratischen Holzkassetten getäfelt, die ihrerseits Rechtecke zu vier mal sechs Kassetten bilden, an deren Seiten Reihen von energiesparenden Neonröhren leuchten. Lärm im Saal. Nach einer langen Eröffnungsrede über die düstere Zukunft der Seherkunst durch Theresias, betritt Kallimachos die Bühne. Er streicht seinen dichten Bart zurecht, hebt seine Arme und ruft in den Saal:

– Geht nicht auf breiten Straßen! Schmale Wege sind das Ziel! Versucht nicht aus Zisternen zu trinken, sonst fallt ihr hinein! Becher sind ungefährlich! Nur ein kurzes Buch ist ein gutes Buch!

Einige applaudieren. Andere rufen verärgert dazwischen. Alle tragen Namensschilder auf der Brust. Bald entsteht ein ziemlicher Streit. Appolonios Rhodios rauft sich die Haare:

– Und was ist mit deinem Bibliothekskatalog? Hundert-

zwanzig Bücher unlesbaren gelehrten Unsinns! Hundert-
zwanzig! Du Bibliothekar!

Theokrit wirft einen Apfel nach ihm:

– Und du weißt nicht einmal, wohin die Donau fließt!

– Und es ist mir auch wurscht! Wenn du meine Argonautika
meinst, dann geht's dort um was anderes! Jedenfalls nicht
um Hirtenschädel, wie immer bei dir!

Kallimachos schwingt das Mikrophon:

– Jeder Sauhirt hat ein besseres Gefühl fürs Versmaß als
du!

Alkman drückt seine Sympathie fürs Ländliche aus:

– Und sie mögen junge Mädchen wie ich, die Hirten …

Tyrtaios verlangt nach Waffen und brüllt:

– Du friss nur deinen Brei und gaff die blonden Gfraster
an, du Eisvogel! Auf, auf, du spartanische Jugend! Gute
Dichtung macht dir Mut! Wider den lustversessenen Hirten!
Wider Messenien!

Homer bleibt ruhig:

– Also bitte, Eumaios zum Beispiel war ein göttlicher
Sauhirt, ein göttlicher.

Kallimachos ist am besten hörbar, weil er auf der Bühne
steht:

– Gut durchdachte Bilder! Bilder! Auch eine Locke kann
sprechen, auch eine Locke hat vielleicht ein Gefühl!

Homer nickt:

– Bilder sind wichtig, das stimmt. Nur muss die Dichtung
auch die Welt erklären, natürlich unaufdringlich.

Hesiod und Arat springen gleichzeitig auf:

– Unaufdringlich??

Aristophanes fliegt auf einem Mistkäfer durch den Saal:

– Bilder müssen verrückt sein! Und volksnah!

Menander klopft sich auf den Kopf:

– Die alltäglichen Probleme müssen besprochen werden, keine Locken, keine Käfer!

Sophokles lacht:

– Und man muss weinen können, man muss weinen können, dass man sich ausweint und lacht!

Solon:

– Politisch, politisch, wie soll man sonst die Welt bewegen? Gebt uns Salamis zurück!

Alkaios erklimmt die Bühne, reicht Kallimachos die Hand:

– Kurz! Kurz! Schreibt es kurz!

Alle Lyriker stimmen mit ein:

– Kurz! Kurz! Schreibt es kurz!

Die Epiker ärgern sich und stimmen einen Schlachtgesang an:

– Wer nicht springt, der schreibt kein Epos! Hopp! Hopp! Hopp!

Es ist wie bei einem Fußballspiel. Die Lyriker antworten:

– Wer Langes schreibt, hat einen kurzen Schwanz! Schwanz! Schwanz!

– Kurz ist Furz! Kurz ist Furz!

Die Dramatiker nehmen vorerst eine neutrale Haltung ein

und verschanzen sich in einem Saaleck hinter ausgerissenen Sesselreihen.

Kallimachos steigt von der Bühne und geht zu Homer:

– Du weißt aber schon, wie viele Fehler du im Versmaß hast, gelt? In der Ilias allein in den ersten sieben Versen, gelt?

Homer lässt sich von dem Knaben, der ihn begleitet, beim Aufstehen helfen und stützt sich auf seinen Stock:

– Wie bitte?

– Naja?

– Mir sind deine Zäsurensysteme wurscht! Ich schreibe nicht wie du, dass es nach Lampenöl riecht, ich dichte! Ich singe! Frei!

Theokrit will seinen Lehrer Kallimachos in der Diskussion unterstützen:

– Lass ihn, du siehst doch, dass er blind ist. Blind wie alle Epiker!

Dafür hat er sich einen kräftigen Blindenstockhieb verdient. Nun greifen auch die Seher in die Auseinandersetzung ein. Sie streifen sich die gelben Extremistenbinden mit den drei schwarzen Punkten um den Arm und brüllen:

– Nur wer nicht sieht, ist auch ein Blinder! Olé! Olé!

Hipponax hat mit einer Gruppe von Hooligans, Archilochos, Semonides, Kallinos und Tyrtaios die Bühne besetzt. Sie haben sich die Oberkleider ausgezogen und schwingen sie bedrohlich über den Köpfen:

– Tod und Hass dem weißen Stab!

Ich ducke mich, weil mit Feuerwerkskörpern geschossen

133

wird. Vielleicht sollte ich mich doch bei den Dramatikern verstecken? Ich schleiche zwischen den Sesselreihen. Molotowcocktails, brennende Armlehnen, ausgerissene Stücke Parkett mit ragenden Nägeln, von zu Hause mitgebrachte Pflastersteine fliegen durch den Saal. Eine mit Benzin gefüllte Neonröhre streift mein Ohr und explodiert, versengt mir die Schläfe. Ich werfe mich flach auf den Boden, schütze meinen Kopf mit den Händen. Jemand berührt leicht meinen Rücken, und eine Stimme spricht mich an:

– Gefällt sie dir nicht?

Es ist eine weibliche Stimme. Ich antworte:

– Die Neonröhre?

– Nein, meine Schülerin.

Ich blicke auf und erkenne am Namensschild, dass da über mir im Sessel Sappho sitzt, mit hübsch geflochtenem Haar. Und neben ihr sitzt ein Mädchen, das ruft:

– Es muss die Wahrheit sein. Die Wahrheit ist allein in Träumen wahr! Es müssen Träume sein.

Und das Mädchen trägt ein Kleid, das auf der Vorderseite herrlich bestickt eine Jagdgesellschaft darstellt: da ist auf einem Pferd mit goldenem Zaum, von bellenden Hunden umringt Aktaeon. Vor ihm das schöne kräftige Auerwild, Muffelwild, Hochwild, Schwarzwild, aber auch Löwen und Tiger. Im Hintergrund eine hinter einem Hain verborgene Quelle. Lange sieht er nicht mehr nach vorn nach der Beute. Er wendet sich um, hat die badende Göttin gesehen. Der Speer gleitet aus seiner Hand. Die Rüstung fällt von ihm ab.

Seine Haut wird Fell, und seine Hände und Füße verkümmern zu gespaltenen Hufen. Schon reißen ihn die eigenen Hunde, die ihn an diesen Ort geführt haben, in Stücke. Und wären seine Gefährten auch rechtzeitig zu Hilfe gekommen, es wäre trotzdem zu spät gewesen, sie hätten ihn nicht mehr erkannt.

Ich sehe lange ihr Gesicht an … und die weiße Schulter … Ich komme nicht mehr dazu, das Gesicht und die Schulter und das Haar und die Wange zu beschreiben, weil Sappho lacht und sagt:

– Schau doch, sie sieht dich nicht. Du musst schon etwas zu ihr sagen, sonst bemerkt sie dich nicht.

Ich stottere nach langer Stille in den Saalschlachtlärm:

– Hallo!

– Ja?

– Ich habe ein Schiff ohne Mast in einer Nische im Hafen. Und, und wie soll ich das also sagen? Die Besatzung vergnügt sich in den Hafenbars. Aber ich, ich aber schlafe allein.

– So?

Vielleicht hätte ich mir etwas anderes einfallen lassen sollen. Ich krieche lieber wieder davon.

5.

Alle Referate und Podiumsdiskussionen sind zu Ende gegangen, der erste Kongresstag ist vorbei. Ich verlasse das flache Gebäude und stehe im Garten. Ein herrlicher Abend. Aber die

Sonne hat schon ihre höchste Abendröte und die Hügelkante erreicht, jetzt rollt sie den Hang hinab und verschwindet in der Tiefe hinterm Horizont, dass es Nacht wird.

Ich weiß sehr gut, dass ich mich um diese Zeit nicht mehr im Garten aufzuhalten hätte. Der Mond ist noch nicht da, und die zähe junge Finsternis hält sich. Hinter keiner Fensterscheibe des Kongressgebäudes brennt Licht. Oder ist auch das Gebäude weg wie die Sonne? Oder ich? Wo ist das Wiesengras? Ich hebe und senke meine Füße zu Schritten, aber die Füße bleiben im Boden stecken, und ich komme nicht weiter. Irgendwo kreischt ein böses Tier. Ist das eine Kröte auf meinem Unterschenkel? Ich bücke mich und streife sie ab. Sind das Spinngewebe in meinem Gesicht? Oder laublose Äste, fein wie Greisinnenhaar? Insekten summen. Viele Insekten und große. Fällt mir Schnee auf den Kopf? Asche? Staub? Modergeruch und Geruch nach Verwesung. Etwas schwingt seine gewaltigen Flügel. Toter Frühlingshauch. Ich erschrecke, reiße meine Füße vom Boden los, laufe mühsam. Das Tier mit den Flügeln, ein Geier vielleicht, scheint einen Kadaver zu reißen. Andere Flügel kommen geflogen, Geschrei, stärkerer Wind. Knochige Füße hüpfen. Ein Schnabel schnappt zu. Bin ich das verendete Tier? Ich? Berühren mich schon die langen Federn, steckt der nackte lange Hals in mir? Wurzeln oder mit Gummi ummantelte Kabel bringen mich zu Fall. Kröten quaken auf. Dichtes Geäst. Ich ertrinke schon im Schlamm und sechsbeinige bärtige Fische mit schleimigen Füßen dringen mir in Hosenbeine und Hemd. Ich greife nach den Ästen, breche einen ab, flüchte rückwärts und auf allen Vieren, packe die Fische und werfe sie fort und schlage mit dem Ast nach ihnen. Ameisen. Ist die Rinde des Astes schon von kleinen Käfern und hungrigen Mäusen abgefressen oder warum ist er so glatt? Da wickelt er sich mir um die Hand, ich versuche ihn abzuschütteln, versuche es weiter. Kalte, kalte Luft wie nach tagelangem Regen. Hoher, sehr hoher Puls, ich versuche zu schreien, viel zu viel Atem, ein Biss, der brennt, und hundertjährige Bäume schießen aus dem Boden wie Erdöl. Immer noch kein Mond auf dem Himmel, kein Stern: nicht einmal Schatten. Der sich windende Ast lässt mich los, fällt – es klingt wie ein ins Wasser geworfener Stein – und kriecht davon. Trockenes Laub hat geraschelt. Ich pralle mit dem Gesicht gegen einen Felsen. Zwischen den Fingern und in den sinnlosen Augen zerbröseln scharfe Steinchen zu Sand. Eine Hand auf dem Arm, auf dem Hals. Ich greife hinter mich und erfasse ein Kleid, ich reiße an.

– Lass los! Ich bin es, das Mädchen aus dem Saal. Ich will dir helfen, den Weg aus diesem Sumpf zu finden!

Ihr Parfum riecht nach Flamingos und Stapeln dünnwandiger Schalen aus Porzellan. Ich bedanke mich für ihre Hilfsbereitschaft. Sie sagt:

– Wir haben uns noch nicht vorgestellt. Ich heiße Gongyla, und du?

Ich antworte.

Sie nimmt und führt meine Hand, dass ich mich bei ihr

einhänge. Wir gehen langsam.

– Du hast Angst gehabt, nicht wahr?

– Ja.

– Jetzt ist es gut, ich kenne mich hier aus, gleich ist es vorbei, gleich wird es wieder hell.

Das aber hat die schöne Dichterin Gongyla nicht ganz im Ernst gesagt:

6.

Spät gegen Morgen ist es immer noch dunkel, als Gongyla mit mir stehen bleibt.

– Siehst du? Das hier ist ein anderer Boden: das ist Moos. Moos ist schön. Wie Daunen, nur fester. Und die Heidelbeeren, die darin wachsen, machen süße Flecken ins Kleid.

– Wollen wir nicht weitergehen?

– Nein.

– Bitte.

– Du kannst es ja allein weiterversuchen, wenn du meinst, dass es ohne deine Führerin geht.

– Was machen wir also?

– Setzen wir uns!

7.

Ich streife unabsichtlich leicht über ihr Gesicht: ihre Nase ist fein, und ihre Wimpern sind lang. Ich bitte für dieses mein Missgeschick um Verzeihung. Sie fragt:

– Und, bin ich hübsch?

– Also. Naja. Ja?

Dann unterhalten wir uns kurz über meinen Beruf. Sie macht sich über Dipol-Dipol-Kräfte und gemeinsame Elektronenpaare lustig.

8.

Wir sitzen weiter nebeneinander auf der Moosinsel im Sumpf. Ich suche vorsichtig, mit den Fingern über die Moosblüten wandernd, nach ihrem Rocksaum. Ich finde ihn so unauffällig wie möglich. Es ist Seide. Die Saumkante ist nach innen umgefaltet, vernäht und mit einer einfachen Rüschenreihe, die aus ungefähr zwei Millimeter breiten Ellipsen besteht, verziert. Die Nahtzugabe der Falte franst leicht aus. Der Stoff wellt sich. Ich taste mit Daumen und Mittelfinger ein Stück weiter den Rock hinauf und nach etwa drei Zentimetern erkenne ich eine nach unten gefaltete Steppnaht mit wieder ganz weich ausgefranster Nahtzugabe. Der Rock über der Steppnaht ist glatt. Gongyla hat meine Forschungen bemerkt:

– Und, gefällt dir mein Kleidchen? Das Bündchen unten ist nett, aber du weißt nicht, wie gut sich die Seide weiter oben anfühlt!

–Was?

– Hast du schon einmal einen Stoff, der so fein ist, wie
der hier, über einen Mooshügel gebreitet und gewartet, bis
der Tau fällt?

–Nein.

Gut, dass niemand sehen kann, wie rot ich geworden bin.

9.

Ich frage sie, ob sie mir eins ihrer Gedichte erzählen würde. Sie
lehnt sich langsam zurück, dass ihr Haar die Moosblättchen
berührt, stützt sich mit den Ellbogen ab:

Du findest keine Straßenecken mehr, wenn's schneit.
Du hörst die Landung nicht, wenn ich auf Pölster springe.
Und wenn ich voll befiedert wie ein Strauch im Wind erschwinge,
Dann ist auch dir der Äther nicht mehr weit.

Die Sonne ist ein Pferdebauch, an dem du lehnst,
Die Strahlen haben uns zu einem Netz verflochten.
Die Finger werden gut gewärmt von fünf entfachten Dochten
Im Wachsgeruch, den du von einst noch kennst,

Mit feinem Staub und feuchtem Lilienstempel,
Von dem ein schwerer Honig wie von Wabenblättern rinnt.
Und wo auf unserm Weg aus Luft das Klippenland beginnt,

Dort baust für mich und für Apoll du einen Tempel
Aus Gold und weißem Stein, des Widerschein dich blendet.
Ich strecke meinen Flügel aus, dass er dir Schatten spendet.

10.

Nachdem ich Gongyla die Schönheit der Struktur der
Ascorbinsäure und ihre liebliche Empfindlichkeit gegenüber Schwermetallen erläutert habe, erzählt sie mir etwas
über den Schulalltag auf Lesbos. Besonders, dass hin und
wieder junge Männer vom anderen Teil der Insel gekommen
seien, um durch die Hecken zu schauen, und dass keins der
Mädchen einen solchen Erfolg dabei gehabt habe, sie ken-
nenzulernen, wie sie, obwohl ihr das niemand zugetraut hätte. Während nämlich alle anderen Mädchen sich nur mit ein
bisschen Blickkontakt und Lächeln zufrieden gegeben hätten, sei sie ganz nah an der Hecke vorübergegangen und habe
dort angehalten und gegrüßt, wo ihr der süßeste Salbenduft
und die angenehmste Stimme aufgefallen waren. Ihr allein
sei es regelmäßig gelungen, die Jünglinge in längere geflüs-
terte Gespräche zu verwickeln. Meistens habe sie sie auch ein
bisschen anfassen dürfen, was sie aber nicht getan habe, um
sich vom guten Aussehen zu überzeugen, sondern einfach
aus Freude daran. Sie würde niemandem ins Gesicht greifen,
nur um zu erkennen, wie beschaffen es ist:
 – Es reicht der Duft nach Marillen im Haar oder der nach
Tee und Bergamotten um die Augenbrauen oder der nach fer-

nen Fliederdolden hinter dem Ohr auf dem Hals, und man weiß viel, vielleicht sogar die Augenfarbe.

– Aber Gongyla, da fällt mir ein, dass ich gar nicht mehr weiß... Ich meine, ich kann mich nicht mehr so genau erinnern, es ist ja doch schon lange her, seit wir uns im Kongresssaal zum ersten Mal bekannt gemacht haben... Ich würde dich langsam wirklich, wie soll ich sagen, ein bisschen anschauen, wenn du verstehst, was ich meine. Aber es ist so finster, du weißt schon.

– Hihi. Wir haben doch noch so viel Zeit.

– Ja?

– Ja.

– Farben...

– Aber geh, mein Lieber, wenn es dir leid tut, dass du vielleicht schon etwas vergessen haben könntest: Ich habe blaue Augen, und mein Haar ist schwarz und leicht gewellt.

– Echt?

– Echt! Glaubst du mir nicht?

– Doch, doch.

– Und ich habe Schuhgröße siebenunddreißigeinhalb und meine Beine sind rasiert!

– So?

– Und meine Büstenhaltergröße ist 75 B, falls du damit etwas anfangen kannst, aber ich trage keinen. Das wäre unantik!

– Schon gut, schon gut, aber das mit der Haar- und Augenfarbe: bist du sicher, dass du blaue Augen hast? Ich meine, weißt du, wie das aussieht, blau oder schwarz? Ich nämlich weiß es bald nicht mehr in dieser Finsternis im Sumpf.

– Du verstehst auch gar nichts. Ich habe es gelernt:

11.

Schwarz:
Was wieder oder nicht mehr brennt:
Das Flügelschwingen einer Dohle
Und Erdöl, Harz und kalte Kohle,
Das stille Herz, die müde Sohle,
Die langsam sich vom Boden trennt.

Blau:
Ist alles, was dich kühlt und wärmt:
Vergissmeinnicht, dann Pfauenaugen
Und Türme, die am Himmel saugen
Und Wogen, die zum Tauchen taugen,
Vom Wind und Tabakrauch umschwärmt.

Grün:
Was manchmal feucht ist, bebt und schwingt:
Das Wiesengras, die Kupferdächer,
Smaragde und der Palmblattfächer,
Doch auch die Angst vorm Gifttrunkbecher
Des Kranken, der zum Froschteich hinkt.

Gelb:
Was im und vor dem Hellsten liegt:
Die Kräne und die Sonnenblumen,
Der viel zu vielen Fliegen Summen,
Des Jünglings plötzliches Verstummen,
Wenn er sich an ein Goldkleid schmiegt.

Rot:
Verliebt, was mit dem Ende droht:
Ein Hühnerkamm und Taubenfüße,
Die Nägel in der Haut sind Küsse,
Als Abendgruß zwei Flintenschüsse,
Das Rindfleisch ist gespickt mit Schrot.

Weiß:
Ist Wüstenglut, die in den Schuh
Dir dringt, ist Eis, ein Engelsflügel,
Gebein gebleicht auf einem Hügel,
Das Brautkleid hängt am Kleiderbügel –
So endet alles einst, auch du.

12.

– Gongyla?
  – Ja?
  – Bist du denn traurig?
  – Wieso?

– Naja, Kleiderbügel, Schrot und so …
– Aber nein.

13.

– Gongyla?
– Ja?
– Jetzt seh' ich dich schon fast. Wird's hell?
– Nein, es ist noch finster, es ist noch Nacht.
– Und ich sehe dich trotzdem!
– Ich dich auch …

14.

Ich bin aufgewacht. Der Sumpf um unseren Mooshügel hat sich wieder in die üppige Wiese zurückverwandelt. Vögel zwitschern. Die tiefe Sonne glänzt in den Kongressgebäudefenstern. Gongyla schläft noch. Ab und zu zuckt die Lippe, ein Lid, wahrscheinlich hat sie einen Traum.

Ich mache noch einmal die Augen zu und nehme ihre Hände vorsichtig in die meinen. Ich versuche, sie als rein gefühlte Form zu träumen. Ich spaziere eine Straße entlang und rieche links ein Kaffeehaus, rechts eine Kleiderreinigung, weiter vorne ist ein Würstelstand. Dann greife ich ein Weinglas an und rieche den Wein. Ich liege in einem weiten finsteren Raum. Alle Vorhänge sind zugezogen, keine Kerze brennt. Und wie tropische Schlangen um einen Baumstamm schmiegen sich Frauen an mich und wecken mich auf. Und ich frage jede, ob sie Gongyla sei, aber ich bekomme keine Antwort. Ich weiß, dass ich sie erkennen sollte. Ich weiß. Ich greife nach dem Haar einer jeden und nach der Nase, fahre mit den Lippen über die Wimpern, untersuche die Hinterbacken und die Schenkel, hat sie sich die Muschi rasiert? Wohl nicht.

15.

Ich bin aufgewacht. Der finstere Raum mit den zugezogenen Vorhängen hat sich wieder in die üppige Wiese zurückverwandelt. Vögel zwitschern. Die Mittagssonne glänzt in den Kongressgebäudefenstern. Gongyla sitzt mit angezogenen Knien auf einem Baumstumpf und lacht und wünscht einen guten Morgen.

Aus der Ferne nähern sich Sappho und Minos, sie rufen uns etwas zu. Ich winke. Von nun an gibt es drei Möglichkeiten:

16a.

Sappho lobte Gongyla, dass sie mich gefunden und gerettet hatte. Aber Minos, der Richter der Schatten in der Unterwelt, verurteilte mich auf der Stelle für das Übertreten aller möglichen Paragraphen, besonders für den nächtlichen Aufenthalt auf der zu Sumpf gewordenen üppigen Wiese dazu, für immer seinen Zuständigkeitsbereich zu verlassen und irgendwo in Mitteleuropa zu verdorren. Wenn ich Widerstand gegen dieses sein Urteil leisten sollte, würde man mich mit dem Gesicht der Glut zugewandt an die tainarische Sonne fesseln, dass ich tags verdursten und abends ertrinken sollte, wenn die Sonne über den Klippenrand ins Meer rollt.

Weil ich vernünftig bin, entschied ich mich für ersteres und habe Gongyla nie wieder gesehen. Meine Urne wurde aus der Nische entfernt und zerschlagen, und mein Schiff und meine Besatzung wurden an der tiefsten Stelle des Meeres versenkt. Gongyla weinte. Und ich habe begonnen, die Tatsache, dass ich sie hier oben unter den Sterblichen niemals finden werde, täglich mit fünfzehn Litern Retsina zu ersäufen.

16b.

Minos lobte Gongyla, dass sie mich gefunden hatte, und Sappho rief ihr zu:

– Fass! Fass mein weißzahniges Monster!

Gongyla stürzte sich auf mich mit geweiteten Nüstern und grimmig hochgezogenen Lippen und biss mich blind mal hierher, mal dorthin.

Als sie mir beide Beine und einen Großteil des Bauchs abgebissen hatte, fragte ich sie, wie ich schmecke. Sie leckte sich die blutigen Hände ab und antwortete ausführlich:

– Du hast eine überwältigend vielschichtige Aromatik, einen aufregenden Würzeschleier, cremig, aber auch knusprig und erfrischend, geradlinig und schneidig; mit einem intensiven Bukett nach frisch geröstetem Kaffee, Honigmelonen und ungewaschenen Deckenüberzügen; sortentypisch druckvoll am Gaumen, fleischig und fest; äußerst beißanimierend; sehr charmanter Abgang.

Das fand ich schmeichelhaft.

Als nur noch lose Knochensplitter von mir übrig waren, sammelte Minos sie auf und füllte mich in die Urne. Dort bin ich bis heute.

16c.

Sappho und Minos lobten Gongyla, dass sie mich gefunden hat, und gratulieren uns beiden zur angenehm verbrachten Nacht.

– Mir scheint, verehrter Herr Molekularanatom, dass Sie bei diesem Kongress jetzt schon durchaus etwas erfahren haben. Und nicht nur im Bereich der griechischen Literatur,

sagte der weise Herr Minos und legte seine Hände ineinander. Und Sappho stellte fest:

– Auch zu den flüchtigen Schatten schleudert Eros noch seine Geschoße.

Und zwei Wochen nach unserer ersten Begegnung heiraten Gongyla und ich vor einem der Tempel im unterirdischen Hafen. Meine Besatzung hatte am Vortag der Hochzeit zu saufen aufgehört, um frisch für die Feier zu sein, und zumindest für unsere Hochzeitsnacht legen die Lyriker und die Epiker unter Vermittlung der Dramatiker ihren Streit bei. Wir be-

kommen viele, viele Kinder. Und wir leben glücklich, glücklich zusammen, noch lang über unser Lebensende hinaus.

Bestandsaufnahme

Hubert Kickinger

> Die Stimme meiner Frau ist hell. Sie hat vor al-
> lem ein sehr schönes Lachen. Es ist schwer zu
> beschreiben, aber manche Stimmen klingen für
> mich undurchlässig. Da muss ich erst einmal
> eine halbe Stunde lang hören, bis ich die Person
> hinter der Stimme finde. Bei meiner Frau ist die
> Stimme sehr klar, es kommt schnell durch, wie
> sie ist. Ich habe mich in meine Frau verliebt,
> weil sie gelacht hat, damals in Thailand.

Als alle in meiner Klasse wie Don Johnson sein wollten, habe
ich das erste Mal ein Mädchen geküsst. Das war bei dem Film
mit den Transvestiten, mit 14 oder 15 in der Dunkelheit.
Da habe ich noch auf einem Auge gesehen. Dann ist die
Erblindung schnell vorangeschritten und ich bin oft operiert
worden. Manchmal lag ich monatelang in irgendwelchen
Spitälern. Da hatte ich nicht die Energie, mich um Mädchen
zu kümmern.

Mit 24 Jahren habe ich eine Ausbildung zum Masseur
begonnen. Es war dann eine Kollegin aus dem Massage-
kurs, mit der ich zum ersten Mal Sex hatte. Eine ganz selbst-

sichere, selbstbewusste Frau. Eine sehr schöne Frau, die um ihre Schönheit wusste und von sich immer gesagt hat, sie sei die schönste Frau von Favoriten. Als wir uns geküsst und gestreichelt haben, ist mir klar geworden, dass sie damit Recht hat. Auch die Reaktionen meiner Freunde haben gezeigt, dass sie allen Grund hatte, das zu glauben. Eine Stimme hatte die, fast wie Gianna Nannini. Das Pech mit ihr war, dass sie verheiratet war und zwei Kinder hatte. Das war mir nicht sehr angenehm. Eine klassische Affäre.

Die Frau, die ich kennen lernen sollte, war noch auf dem Feld. Sie war damals 28 Jahre alt, ich war über 34. Wir wurden wortreich empfangen, meine jetzige Frau habe ich aber immer nur wenige Worte sagen hören. Ich habe sie dann aber lachen gehört, und bin die ganze Zeit mit der Frage dabei gewesen: »Könnte das was werden, oder nicht?«. Beim nächsten Besuch hat mich die Familie dann mit meiner jetzigen Frau alleingelassen, einzig ihre jüngere Schwester ist geblieben. Wir sind in den Tempel gegangen, haben dort geplaudert mit den wenigen gemeinsamen Worten, die wir hatten. Es war sehr heiter, dann sind wir wieder nach Hause gegangen und ich habe gesagt, ich würde sie gerne massieren. Durch die Kleidung hindurch habe ich zum ersten Mal ihren Körper berührt.

Nach der Affäre mit der schönsten Frau von Favoriten habe ich eine neue Bekanntschaft gemacht – wegen einer Trommel. Die Frau, die sie gebrannt hat, zeigte mir in ihrer Wohnung, wie man eine Trommel bespannt. Eigentlich hat sie mir nur sehr wenig gezeigt, sie hat vieles nur angedeutet. Als ich dann den letzten Knoten geknüpft hatte, sind wir aufgestanden, haben uns umarmt und sind lange so stehen geblieben. Es ist dann von dieser ersten Umarmung direkt ins Bett gegangen und wir haben uns nur mehr zum Sex getroffen, bis wir zu diskutieren begannen. Damit ist das Ende gekommen.

Zur Hochzeit habe ich Freunde und meine Familie nach Thailand eingeladen, einen Autobus angemietet und eine kleine Rundreise organisiert. Meine Frau hat mit mir in den Hotelzimmern übernachtet. Da ist es zur ersten Annäherung gekommen, aber nicht mehr. Nach drei Wochen ging es nach Bangkok zurück. Erst dort hatten wir zum ersten Mal Sex. Sie hat mir später gesagt, dass sie mein Zuwarten sehr geschätzt hat und ich damit nicht dem Bild der weißen Männer entsprochen habe.

Heute habe ich zwei kleine Kinder und eine uneheliche Tochter. Ich ärgere mich, wenn ich mir die Finger an der dreckigen Straßenbahn schmutzig mache, weil ich erst einmal ertasten muss, wo die Einstiege sind. Wenn ich mit Freunden zusammen bin und die mein Getränk unabsichtlich an einen anderen Platz stellen, rudere ich mit den Armen wie ein Paar Scheibenwischer bei starkem Regen. Ich bin glücklich. Sehr.

Leder

Nikolai Soukup

Ich sah Regentropfen vor meinem inneren Auge auf meinen Körper fallen, als ich seine rechte Hand auf meinen Beinen spürte. Ich fühlte, wie die nassen Tropfen auf meiner Haut landeten, wie sie zuerst langsam auf eine kleine Stelle meines Körpers prasselten, um sich von dort schließlich auszubreiten. Der Regen in meiner Vorstellung wurde stärker, je fester Roberts Berührungen wurden. Seine Fingerspitzen tanzten verspielt über meine Arme, strichen über meine Schultern, meine Brüste, bevor sich seine großen Handflächen schützend auf meine Haut legten und auf meinem Körper entlang wanderten, als gelte es, jeden Zentimeter meines Körpers zu erobern. Sanfte wechselten sich mit festen Berührungen ab, wurden immer schneller und umfassten schließlich meinen ganzen Körper.

Es waren vertraute innere Bilder, die in meinem Kopf entstanden. Zum Teil waren es deutlich sichtbare Bilder, die ausgelöst durch Roberts Berührungen in meiner Vorstellung auftauchten und in ihr lebendig wurden, wie die kühlen Regentropfen auf meiner Haut. Zum Teil war es auch ein sich ständig veränderndes Mosaik meiner Eindrücke, das seinen Bewegungen, seinem Atem und seinen Worten entsprang. Wie ein niemals abreißender Fluss zogen diese Wahrnehmungen an meinem inneren Auge vorbei. Ich konnte seine Charakterzüge, die auch in mein inneres Bild Roberts einflossen, durch seine sanften Berührungen auf meiner Haut direkt spüren, so als wären es nicht seine Hände, die über meinen Körper strichen, sondern die Geborgenheit selbst, die ich mit ihnen verband.

Doch so fest meine gedanklich zusammengesetzte Vorstellung über Robert auch war, so schnell zerfiel sie auch wieder in ihre Bestandteile, in die vielen einzelnen Empfindungen und Eindrücke, und die Bilder, die sie in mir hervorriefen. Bilder, die wie Erinnerungen aus einer sehenden Vergangenheit plötzlich in meinem Kopf auftauchten und greifbar in meinem Erleben sichtbar wurden, als wären sie in mein Bewusstsein gemalt worden.

Der Regen auf meiner Haut wurde stärker. Dann gruben sich die Finger beider Hände in meine Hüften. Erst sanft, dann zupackend. Und obwohl sein Griff immer fester wurde, wollte ich ihn nicht lösen. Die Beute, die ihren Jäger nicht sehen kann, möchte ihn spüren.

Es hatte mir immer schon gefallen, wie er sich zuerst mit sanften Worten und Berührungen langsam an mich herangetastet hatte, um mich dann seine Begierde spüren zu lassen. Wie er sich im selben Moment an mich als Mensch als auch an meinen Körper angenähert hatte. Das Wechselspiel seiner sanften und festen Berührungen war stets wie eine stumme Kommunikation zwischen uns beiden, ein gemeinsames Geben und Nehmen. Doch diesmal war es keine Verbundenheit zwischen Robert und mir, sondern lediglich eine Kommunikation zwischen seinen Händen und meinem Körper. Genauso wie Schläger und Trommeln eines Schlagzeugs miteinander harmonieren müssen, um im Takt zu bleiben, bildeten auch seine Hände eine Einheit mit meinem Körper, als sie den Rhythmus seiner stoßenden Bewegungen immer schneller auf meine Haut einmassierten. Es war eine gewisse Harmonie in diesem Rhythmus zu spüren, und doch hatte er sich nicht an mich als Mensch herangetastet, nicht dieses Mal.

Nur wenige Worte fielen zwischen uns und überdeckten die Geräusche seiner Bewegungen, und diese wenigen waren nicht von Bedeutung. Doch nicht das, was er sagte, war anders als sonst, sondern der Klang, den seine Stimme annahm. Sie war immer von einer gewissen Schwere getragen, doch ich hatte ihr stets gerne zugehört. Seine Stimme hatte mir eine Geschichte erzählt. Es war eine Geschichte voller Erfahrungen, die in ihrem Klang zu hören war, sie erzählte von den Fehlern, die er gemacht und den Lehren, die er daraus gezogen hatte. Ich hatte immer das Gefühl gehabt, sie würde mir mehr über das Leben verraten; nicht über das seine, sondern über das Leben allgemein. Vielleicht weil sie mich schon so oft zum Nachdenken angeregt hatte über all die Erfahrungen, die ich in ihrem Klang zu hören glaubte. Vielleicht auch nur, weil ich mich mittlerweile an sie gewöhnt hatte. Doch diesmal klang seine Stimme noch schwerer als sonst, all die Erfahrungen, die ihr einst mehr

Gewicht verliehen hatten, schienen sie nun zu erdrücken. Seine Worte klangen zwar sanft und einfühlsam, aber jeglicher Leichtigkeit beraubt.

Ich streckte meine Arme in Richtung seiner breiten Schultern aus, sein Oberkörper hob und senkte sich über dem meinen, als hätte er nie etwas anderes getan. Sein Atem wurde schneller, zumindest war er nun lauter zu hören. Als ich seinen Atem auf meiner Haut spürte, begann ich, das Schlagzeug spielen zu hören, das ich mir eben vorgestellt hatte. Die kurzen Stöße der freigewordenen Luft klatschten wie Trommelschläge auf meinen Hals und ließen den Rhythmus seiner Bewegungen durch meinen ganzen Körper pulsieren. Sein Atem war zuerst angenehm kühl. Erst der letzte Hauch jedes Atemzugs trug jene sanfte Wärme auf meine Haut, die die Bilder in meinem Kopf hervorbrachte. Helles Licht zog vor meinem inneren Auge vorbei, in Farben, die ich nicht benennen kann. Ich sah die Sonne, spürte ihre Wärme am Ende jedes Atemzugs auf meiner Haut. Es war kein Bild aus der Vergangenheit, das mich in diesem Moment einholte, kein Bild einer Sonne, die ich in früheren Jahren schon einmal gesehen hatte, der ich so gerne beim Auf- und Untergehen zugesehen hatte. Die Sonne in meinem Kopf tat nichts anderes als zu leuchten, und ich genoss es, ohne über die entstandenen Bilder nachzudenken. Einzig der eigene Standpunkt entscheidet darüber, ob die Sonne gerade auf- oder untergeht, und von dem hatte ich mich befreit, als ich mich dem Moment hingegeben hatte.

Aber auch der Atem, den ich auf meiner Haut spürte, hatte sich befreit. Befreit von den Lungen, die ihn ausstießen. Es war nicht länger Roberts Atem, dessen Berührungen ich auf meinem Hals spürte, zu meiner Brust hinabwandernd. Der Luftstrom auf meiner Haut schien ein Eigenleben angenommen zu haben, als wäre er von selbst in der Luft entstanden.

Robert hatte noch nie nach Leder gerochen. Und dennoch hatte ich diesen Geruch im Kopf, als er in diesem Moment über mir lag, als ich das Heben und Senken seines Oberkörpers spürte. In meiner Vorstellung trug er nun eine schwarze Lederjacke. Ich stellte mir vor, wie seine breiten Schultern sie ausfüllten. Langsam, beinahe bedächtig strich ich über seinen nackten Arm und konnte spüren, wie abgewetzt und rau die Ärmel der Jacke waren, als wäre sie bereits um die halbe Welt gereist. Eine dunkle Sonnenbrille verdeckte seine Augen. Die wilde Mähne seiner Haare wurde durch ein weißes Stirnband zusammengehalten. Ich hatte mich schon immer nach diesem Typ Mann gesehnt, dessen Merkmale nun vor meinem inneren Auge Form anzunehmen begannen, hatte schon öfters in Tagträumen die Vorstellung grenzenloser Freiheit ausgekostet, die diese Gedanken in meinem Kopf hervorriefen. Dennoch war es das erste Mal, dass diese Gedanken zu konkreten Bildern in meinem Kopf wurden, als ich mit meinen Händen über Roberts Körper strich. Seine Bewegungen strahlten in meiner Vorstellung eine ungezähmte Lebendigkeit aus; eine Leichtigkeit, die ich in seiner Stimme längst vermisst hatte und nun in meiner Phantasie wiederentdeckte. Ich stellte mir vor, wie er mich auf seinem schweren Motorrad mitnehmen würde, hielt mich an seiner Lederjacke fest und sah seine Haare im Wind flattern. Es war mir egal, wohin die Reise gehen würde, Hauptsache seine Haare flatterten noch lange weiter. Sie rochen nach Leder und klangen nach Rockmusik, die Bilder, die in diesen Momenten zum ersten Mal vor meinem inneren Auge vorbeizogen. Und obwohl ich sie noch nie zuvor gesehen hatte, waren sie mir nicht fremd. Doch je mehr meine Vorstellungen Gestalt annahmen, je deutlicher ich die Lebendigkeit in seinen Bewegungen spürte, erkannte ich, dass es nicht mehr Robert war, den ich vor mir sah. Es war keine Kommunikation mehr zwischen seinen Händen und meinem Körper, die diese Vorstellungen in mir auslöste, sondern eine zwischen meinem Kopf und den inneren Bildern, die in mir entstanden. Und ich begann, sie zu genießen. Mein Atem wurde schneller, auch er hatte sich befreit.

Ich hatte Robert im Grunde nie von meinen inneren Bildern erzählt. Wahrscheinlich dachte ich damals, es hätte ihn ohnehin nicht interessiert. Und vermutlich hatte ich auch recht damit. Robert war bereits von seiner Geburt an blind, es gab bei ihm keine bildlichen Erinnerungen aus einer sehenden Vergangenheit, die sich im Kopf mit seinem gegenwärtigen Erleben vermengt hätten, kein Verlangen danach, die fließenden Bilder im Kopf anzuhalten, in ihnen zu verweilen. Ich weiß nicht, ob es ihm leichter fiel, mit dem Nicht-Sehen umzugehen, wo er doch das Sehen nie gekannt hatte. Doch weiß ich, dass er nie die Erfahrung hatte machen müssen, die ihm vertrauten Stellen meines Körpers an einem Tag noch erkennen zu können, am nächsten Tag nur mehr dessen schemenhafte Umrisse wahrzunehmen.

Anfangs hatte ich mich noch an das immer weiter verblassende Gesehene geklammert, hatte mich festgehalten an den Konturen, die ich bei gutem Lichteinfall erkennen konnte, als wären sie meine Wegweiser in diese feste, unverrückbar scheinende Welt, die mir so vertraut gewesen war. Ich hatte Robert gebeten, im Bett eine schwarze Sonnenbrille zu tragen, genauso wie die Männer, mit denen ich vor ihm zusammen war. Die dunklen Konturen der Brille konnte ich bei hellem Licht noch erkennen. Es gebe mir Sicherheit, hatte ich zu ihm gesagt, zu wissen, wo seine Augen seien, wohin ich meinen Blick richten könne. Ich glaube, dass er sich anfangs über mein Bedürfnis gewundert hatte, doch er hatte sie aufgesetzt.

Erst später sollte ich erkennen, dass nicht nur die Art meiner Wahrnehmungen eine völlig andere geworden war, sondern auch die Welt, die diese mir erschlossen. Und ich fand zunehmend Gefallen daran. Es waren keine feststehenden Augen-Blicke mehr, mit denen ich mir die Welt greifbar machte, keine äußeren Bilder einer beständigen, scheinbar unverrückbaren Umgebung. Ich begann, jeden einzelnen Moment als die Fülle unzähliger Bestandteile – Gerüche, Geräusche, Stimmen und Stimmungen – wahrzunehmen, die wiederum in ständiger Veränderung waren. Ich spürte, wie jede kleine Berührung aus unzähligen Facetten zusammengesetzt ist, jedem einzelnen Kontakt der Fingerspitzen, der Handflächen und ihrer Bewegungen; wie eine einzelne Berührung im Grunde aus tausenden Berührungen all der kleinsten Körperstellen besteht. Kein Moment würde dem vorangegangenen gleich sein, dachte ich einmal. All die Eindrücke, Wahrnehmungen und inneren Bilder in meinem Kopf sind in dem Moment einzigartig, in dem ich sie gerade erlebe. Ich erkannte, dass Wahrnehmung und Liebe etwas gemeinsam haben: sie finden immer im gegenwärtigen Moment statt. Und der entsteht im nächsten Moment wieder neu.

Es sollte mir nicht immer gelingen, den gegenwärtigen Moment mit all meinen Phantasien bewusst zu erleben. Und doch schien es mir einfacher zu sein als früher. Meine Gedanken kreisten nicht mehr darum, ob der Vorhang zugezogen war, wenn ich mit einem Mann im Bett war, ich dachte weniger über mein Äußeres nach, war nicht länger so sehr von meiner Umgebung vereinnahmt, dass ich mich selbst nicht spüren konnte. Ich glaube nicht, dass ich deshalb intensivere Wahrnehmungen habe als zu der Zeit, als ich noch gesehen habe. Sie lösen jetzt einfach mehr Vorstellungen in mir aus. Früher habe ich es lediglich genossen, wenn mich ein Mann an empfindlichen Stellen meines Körpers berührte, heute wecken diese Berührungen Bilder in meinem Erleben. Und ich erkannte, dass sie keine Erinnerungen aus einer sehenden Vergangenheit sind, sondern vielmehr eine Erinnerung an meine verloren geglaubte Phantasie.

Ich bat Robert immer noch, im Bett die schwarze Sonnenbrille aufzusetzen. Doch nun nicht mehr wegen der Sicherheit in meiner Orientierung, die mir ihre unscharf wahrgenommenen Konturen einmal gegeben hatten. Sie erinnerten mich jetzt an den ausgelassenen Rockertypen in Lederjacke, der in meiner Vorstellung auf mir lag, und die Freiheit, die ich mit diesen Bildern verband. Es gelang mir nun öfter, mich ganz diesen Phantasien zu öffnen. Das Bild des Rockers in meinem Kopf wurde mir immer vertrauter, doch je deutlicher ich seine Bewegungen vor mir sah, desto mehr erkannte ich, dass dem Mann in meiner Vorstellung etwas fehlte: ein Gesicht.

Robert hatte noch nie eine Lederjacke getragen. Es hätte im Grunde gar nicht zu ihm gepasst. Vielleicht zu seiner körperlichen Statur, seinen breiten Schultern und dem Dreitagesbart. Aber sicher nicht zu dem, was er für mich ausstrahlte. Obwohl er immer ein guter Liebhaber gewesen war, hatte er keine unbeschwerte Freiheit mehr in sich, die er auf mich hätte übertragen können, wurde immer verschlossener in den letzten Monaten unserer Beziehung. Und indem er immer weniger von sich preisgab, schloss er eines der wichtigsten Tore zur Außenwelt, das zwei blinde Menschen in einer Beziehung haben. Auch ich wollte nicht alles aussprechen; wusste nicht, wie ich mein Bedürfnis nach Berührungen, nach der Geborgenheit einer Umarmung, ausdrücken konnte, ohne ihn mit Worten dazu aufzufordern, ohne den Zauber des Moments zu zerstören. Mittlerweile glaube ich, dass dies nur durch gemeinsame innere Bilder möglich gewesen wäre, doch die hatten wir nie miteinander geteilt. Seine Stimme erzählte mir noch immer eine Geschichte über das Leben. Aber eine, die ich nicht mehr hören wollte.

Frauen ab vierzig haben wieder mehr Lust auf Sex. Ich habe schon mit mehreren darüber gesprochen und bin hier sicher keine Ausnahme. Trotzdem hätte ich mir das früher nicht vorstellen können, wäre davon überzeugt gewesen, dass die Bereitschaft, im Liebesleben Neues auszuprobieren, in jugendlicherem Alter größer sein müsste. Es sollte nicht das einzige sein, was ich über mich und das Leben lernen würde, nachdem ich mich von Robert getrennt hatte. Ich begann, mich wieder zu verabreden und lernte einige völlig unterschiedliche Männer kennen. Manche schrieben mich über das Internet an, manche lernte ich über gemeinsame Bekannte kennen, so manche Begegnung ergab sich zufällig.

So lernte ich beispielsweise, mit einem Mann zu flirten ohne ihn dabei anzusehen oder einen Blick zu imitieren. Nur mit den Händen, nur durch Berührungen. Es war an einem langen Abend in einem Hotelrestaurant am Attersee. Die kleine Runde von Freunden war um neue Bekannte gewachsen, wir unterhielten uns viele Stunden über die unterschiedlichsten Dinge. Der Mann, der sich neben mich gesetzt hatte, drehte seinen Kopf immer wieder in meine Richtung, ich konnte das spüren. Und obwohl ich seine Blicke nicht sehen konnte, lösten sie ein wärmendes Gefühl in mir aus. Ich legte meine Hand neben seine auf den Tisch, um zu sehen, ob er sie berühren würde. Kurz darauf spürte ich seine Hand sanft auf meiner. Ich zog meine Hand wieder zurück, nur um sie seiner später wieder zu nähern. Die restlichen Gespräche dieses Abends sind an mir vorbeigezogen, viel zu sehr lag meine Aufmerksamkeit auf den verstohlenen Berührungen unserer Hände, die sich immer wieder wie zufällig näherten. Es störte mich nicht, dass ich seine Blicke nicht erwidern konnte. Schließlich war es nicht die äußere Erscheinung meines geheimnisvollen Sitznachbarn gewesen, die mich neugierig machte, sondern der spielerische Reiz dieser neuentdeckten Kommunikation. Viel mehr war es denn auch nicht, das ich von ihm lernen konnte.

Es geschah einige Wochen später, als ich mich mit einem anderen Mann verabredete, dass ich eine weitere Sache erfahren sollte, die ich bisher nie für möglich gehalten hatte: dass auch Männer mit schmalen Lippen sinnlich küssen können. Wir hatten uns am Eislaufplatz verabredet und uns anfangs auch recht gut unterhalten. Dass wir uns schließlich küssten, entstand spontan aus dem Moment heraus. Die Luft zwischen unseren Gesichtern fühlte sich warm an, bevor seine Lippen meine berührten, und als sie es taten, konnte ich spüren, dass seine Augen geschlossen waren. Bevor es zu diesem Kuss kam, waren wir schon den ganzen Nachmittag körperlich eng miteinander verbunden gewesen. Zu einem großen Teil lag dies wohl daran, dass unsere Hände beim

Eislaufen mit einer Schnur aneinandergebunden waren. Doch so sehr ich mich auch bemühte, ließ sich diese körperliche Verbindung nicht auf eine geistige Ebene übertragen. Seine schüchterne Art konnte keine Phantasien in meinem Erleben wecken, die kurzen Gespräche, die wir führten, brachten mich an keinem Punkt zum Nachdenken. Seine leise und undeutliche Stimme klang desinteressiert, aber nicht an mir, sondern am Leben. Es war nicht etwa so, dass sie mir eine enttäuschte Geschichte über das Leben erzählt hätte, sie erzählte mir gar keine. Als wir an diesem Abend in seinem Bett lagen, überlegte ich kurz, ob ich ihn bitten sollte, eine schwarze Sonnenbrille aufzusetzen. Doch ich ließ es dann bleiben.

Das meiste lernte ich in dieser Zeit jedoch, indem ich mich wieder mehr meinen eigenen Interessen widmete. Ich nahm an Kursen zu Ausdruckstanz teil, unternahm Ausflüge mit Reisegruppen und, vor allem, begann ich wieder zu arbeiten. Zwar waren es nur wenige Aufträge, die ich annahm und für die wenigsten davon war ich alleine verantwortlich, doch gab es mir wieder diese bestimmte Freude, anderen helfen zu können, die ich vermisst hatte, nachdem ich meine Arbeit als Innenarchitektin gekündigt hatte. Manche der Kunden waren anfangs überrascht, konnte ich doch weder die Größe der Räume noch die Farben der Einrichtungsgegenstände sehen. Doch ich bat sie dann, mir Aufteilung und Ausstattung der Räume genau zu beschreiben, sodass diese bildhaft in meiner Vorstellung entstanden. In den meisten Fällen konnte ich meine Kunden somit auch dazu bringen, ihre vertraute Umgebung aus einer anderen Perspektive zu betrachten.

Ich hatte mir auch angewöhnt, regelmäßig Ausstellungen zu besuchen, am liebsten Sammlungen expressionistischer Kunst; Bilder, deren Bedeutung sich nicht auf den ersten Blick erschließt. Manche der Besucher hasteten mit einer Eile durch die Räume, als gelte es, in möglichst kurzer Zeit sämtliche Bilder gesehen zu haben. Andere wiederum verharrten lange vor einem einzelnen Gemälde, als würde es ihnen etwas mitteilen. Als würde sich die dem Kunstwerk innewohnende Botschaft von selbst zu erkennen geben, stünde man nur lange genug davor. Wenn sie über die gesehenen Bilder sprachen, hörte ich ihnen zu. Manche sagten, woran sie die Bilder an den Wänden erinnerten, sprachen über ihre Gefühle und Eindrücke, über ihre Assoziationen zu Formen und Farben. Andere sagten gar nichts, ich hörte auch ihnen zu. Viele der Bilder, über die sie sprachen, hatte ich bereits gesehen. Einige nicht, und ich werde sie auch nicht mehr sehen. Doch ich war ohnehin gekommen, um etwas ganz anderes zu betrachten: die Bilder, die in meinem Kopf entstanden, wenn ich den Menschen um mich herum und ihren Eindrücken zuhörte. Jeder aufgeschnappte Gesprächsfetzen erweiterte die Bilder in meiner Vorstellung, sie wechselten ihre Farben je nach der Stimmung im Raum, den Geräuschen und Gerüchen, die ich in mich aufnahm, und ich sollte sie noch vor meinem inneren Auge beobachten können, als ich schon längst auf dem Heimweg war.

Der Regen war noch kaum spürbar. Ein leichter Windzug, etwas zu kühl für diesen warmen Mainachmittag, trug die ersten Tropfen auf meine Haut; ich spürte sie auf meinen Armen zuerst. Die Bäume am Straßenrand rauschten, ihre Blätter raschelten im Wind. Die Motorengeräusche der vorbeifahrenden Autos hörten sich lauter an als sonst, in regelmäßigen Abständen klackerte es, wenn sie die Schienen der Straßenbahn überquerten. Erst jetzt bemerkten die Leute, die um mich herum warteten, den einsetzenden Regen. Die Motorengeräusche erklangen nun von weiter weg, es klackerte nur noch vereinzelt. Kurz darauf setzte sich der Strom der Menschen in Bewegung, ich hörte Schritte neben mir, eine Hand berührte meinen rechten Arm. »Kann ich Ihnen über die Straße helfen?«, hörte ich eine tiefe, kräftige Stimme fragen. »Ja«, sagte ich und hängte mich in den Arm des Mannes ein. Er war groß, und seine Arme fühlten sich kräftig an. Ich drückte meinen Arm fest an seinen Oberkörper, anstatt seinen Ellbogen zum Blindengriff anzufassen. Er sollte mich als Frau sehen und nicht als blinde Person, der geholfen werden musste. Die Berührung durch seinen Arm fühlte sich gut an, ich fühlte mich auf angenehme Weise weiblich.

Seine ruhigen, doch entschlossenen Schritte zeigten mir, dass er die Gegend gut kannte. Ich musste meine Aufmerksamkeit nicht mehr meiner Umgebung und ihren Geräuschen widmen, konnte mich ganz auf die unzähligen kleinen Berührungen auf meinem Arm konzentrieren, seine breiten Schultern, seinen Atem. Ich bemerkte, wie sich mein Gang seinen Schritten angepasst hatte. In bildlichen Worten beschrieb er mir den Weg, während wir inmitten der hastenden Menschenmenge mit ruhigen, beinahe würdevollen Schritten die Straße überquerten. Die einfühlsame Tiefe seiner Stimme schien allem, was er sagte, eine tiefergehende Bedeutung zu verleihen, als würde er nicht gerade beschreiben, wie er mich über die Straße, sondern durchs Leben führte. Bestimmt würde er mich auch beim Sex gut führen, dachte ich und schmiegte meinen Arm fester an seinen Oberkörper.

Ob ich mit ihm noch einen Kaffee trinken gehen würde, fragte er mich, als wir die andere Straßenseite erreichten. »Bis der Regen aufgehört hat«, meinte er. Erst jetzt bemerkte ich, dass der Regen in der Zwischenzeit stärker geworden war, meine Haare waren bereits völlig durchnässt. Wir setzten uns in ein nahe gelegenes Kaffeehaus. Bald wurde mir klar, warum mir Martin, wie er sich vorstellte, den Weg so bildlich beschreiben hatte können. Er habe eine gute Orientierung, sagte er, könne sich Straßen und Reiserouten bildlich merken und jederzeit im Kopf abrufen. Er erzählte mir von seiner Arbeit als Reiseleiter, berichtete von seinen Erlebnissen in den entferntesten Ländern und den Menschen, die er dort getroffen hatte. Manchmal, wenn er sich über ein Thema besonders amüsierte, lachte er so spontan und herzlich auf, dass ich nicht anders konnte, als in sein Lachen einzustimmen. Ich sah dann eine Welle vor meinem inneren Auge, die sämtliche meiner Gedanken und Gefühle umstürzte und mich völlig frei fühlen ließ.

»Magst du Status Quo?«, fragte er mich. »Und Iron Maiden?«

Er erzählte mir von Rockkonzerten, die er besucht hatte. In meinem Kopf entstanden all die Bilder seiner Beschreibungen. Seine Leidenschaft für Rockmusik gefiel mir. Überhaupt schienen all seine Worte von einer mitreißenden Leidenschaft für das Leben getragen zu sein. Auch seine Stimme erzählte mir eine Geschichte, doch sie war anders als die anderen. Vielleicht weil ich durch sie das Leben spüren konnte, anstatt nur darüber nachzudenken.

Als das Gitarrensolo einsetzte, fing er an zu tanzen. Es war ein paar Tage nach unserer ersten Begegnung. Nach einem Spaziergang hatte mich Martin eingeladen, noch in seine Wohnung mitzukommen. Wir tranken etwas Wein und unterhielten uns. Martin legte eine CD in die Stereoanlage und drehte sie laut auf, es musste ein Lied von Status Quo gewesen sein. Ich hörte, wie er im Takt des Schlagzeugspiels mit dem Fuß wippte. Dann setzte das Gitarrensolo ein. Ich spürte den Boden unter seinen Schritten vibrieren, als er begann, sich wie losgelöst zum Rhythmus der Musik zu bewegen. Seine Schritte wurden lauter, kühle Luftzüge streiften meinen Körper, als seine ausgelassenen Bewegungen an mir vorbeizogen. Die Bilder in meinem Kopf setzten sich zu einem Film zusammen, der vor meinem inneren Auge ablief. Ich sah Martin in einer schwarzen Lederjacke vor mir tanzen.

Er trug eine dunkle Sonnenbrille und ein weißes Stirnband. Seine lange Mähne schüttelte er zu den schnellen Klängen des einsetzenden Schlagzeugs, seine Hände imitierten eine Gitarre, während sich sein Oberkörper nach unten krümmte, um im nächsten Moment wieder empor zuschnellen. Jede seiner Bewegungen strahlte eine leidenschaftliche Lebendigkeit aus, die er auf mich übertrug. Mit jeder seiner Bewegungen fühlte ich mich umarmt, als wäre jede Bewegung im Raum eine Berührung meines Körpers. Zum ersten Mal stimmte mein inneres Bild eines Mannes, das sich wie ein Mosaik aus all den verschiedenen Eindrücken und Wahrnehmungen zusammensetzt, mit den Phantasien meiner Vorstellung überein. Es war, als hätte der Rocker aus meiner Vorstellung ein Gesicht bekommen.

Wie angewurzelt stand ich inmitten des Raumes, während ich in Gedanken in seinen Tanz einstimmte, meiner Energie mit Bewegungen Ausdruck verlieh, meinen Körper an seinen drückte. Als ich mich danach sehnte, diese Bilder zu spüren, hörte ich seine Schritte auf mich zukommen. Er legte seine Arme um meine Schultern. Ich erwiderte seine Umarmung, schloss meine Hände um seinen Brustkorb, der sich langsam hob und senkte. Ich spürte seine schnellen Atemzüge meinen Nacken hinabwandern, der Rhythmus der Musik peitschte noch immer durch die Luft. Ich fühlte all die kleinen unzähligen Berührungen, die in diesem Moment der Umarmung enthalten waren. Er würde nicht mehr wiederkommen, dieser gegenwärtige Moment mit all meinen

Wahrnehmungen, zumindest nicht in derselben Form. Und genau das machte ihn so kostbar. Unsere Umarmung kam mir wie eine Ewigkeit vor.

Als die Musik aufhörte, standen wir beide noch eine Weile reglos da. Dann lockerten wir schweigend unsere Berührung ohne zu wissen, was wir sagen sollten. Ohne zu wissen, wie das in Worte zu fassen sei, was gerade zwischen uns stattgefunden hatte. Ich hatte Martin nicht von meinen inneren Bildern erzählt, nicht mit Worten. Und doch hatte ich das Gefühl, sie mit ihm geteilt zu haben. Zumindest für einen Moment.

Es war beinahe völlig still auf der Straße, als ich an diesem Abend nachhause ging. Einzig das Klappern meines Stocks war zu hören, den ich in halbkreisförmigen Bewegungen vor mir herführte. Hin und wieder rauschten die Baumkronen, wenn ein Windzug sie streifte. Aus der Ferne hörte ich einen Hund bellen. Ich fühlte mich völlig frei. Ich streckte meine Arme in die Höhe, um den leichten Wind auf meinen Handrücken spüren zu können. Ich bewegte meinen Körper zum Rhythmus der Musik, die ich noch immer im Kopf hatte. Mit Bewegungen, die sich ungewohnt leicht anfühlten, tanzte ich auf Martin zu, legte meine Hände auf seine Schultern und ließ sie an seinem Oberkörper hinab gleiten. Seine Hände strichen über meinen ganzen Körper, sanfte wechselten sich mit festen Berührungen ab, ich knöpfte sein Hemd auf.

Es war nicht etwa so, dass ich in meinen Vorstellungen einer vergangenen Situation nachhing, mir ausmalte, was passieren hätte können, wenn sich mehr daraus ergeben hätte. Es waren meine eigenen Bilder und inneren Eindrücke, auf die ich mich in diesem Moment ganz einlassen konnte. Weil ich mich frei fühlte. Und in ebendiesem Moment waren sie für mich genauso wirklich wie der leichte Wind und das Rauschen der Baumkronen. Die einen Wahrnehmungen kamen von innen, die anderen von außen, doch erlebt wurden sie alle in meinem Kopf.

Der Wind wurde schwächer. Vereinzelt raschelten noch ein paar Bäume neben der Straße, ein Auto war aus der Ferne zu hören. Dann war es wieder beinahe völlig still.

sieh mich an

Ursula Knoll

1.

Rovinj. Unser erster, gemeinsamer Urlaub. Die Strandgeräusche, durchmischt mit der fremden Sprache, die an mein
Ohr dringen, sind entspannend. Nicht verstehen müssen,
nicht zuhören müssen. Die Sonne brennt in meinem Nacken,
warmer Sand klebt an meinen Füßen. Ich spüre seine Hand
in meiner, da, neben mir. So wie beim ersten Mal, beim ersten Mal seine Hand fühlen. Fünf Monate ist das jetzt her.
Seine Hand zu der Stimme, die mir schon vertraut gewesen
war wie sein oberösterreichischer Dialekt, der seither wie
ein Zuhause klingt. Sein Blick, den ich damals auf mir fühlte und mir vorstellte, was für ein Bild ich für ihn abgeben
musste. Ob es dasselbe war wie mein Bild von ihm, das ganz
deutlich ist, wenn ich über seinen kräftigen Rücken streiche?
Er finde mich attraktiv, hatte er bei unserem ersten Treffen
gesagt. Auch wenn ich nicht sehen kann. Ich streichle ihm
über die Handinnenfläche, ganz langsam. Sie ist schweißig
und warm. Ich drehe mein Gesicht zu ihm und sage: »Ich bin
so glücklich, dass du mitgefahren bist.« Ein falscher Satz,
denke ich. Ich weiß nicht, wie ich in Worte fassen kann, was

dieser Strand für mich bedeutet. Er sagt: »Du hast mich ja
eingeladen.« Sein Ton ist neutral. Ich will antworten, dass
es nicht der Rede wert sei. Ich möchte nicht über Geld sprechen. Es hat immer einen komischen Beigeschmack. Also
sage ich: »Was findest du anziehend an mir?« Die Worte
sind schon ausgesprochen, als ich sie wieder zurücknehmen
will. Er zögert einen Moment: »Du bist charmant und lustig.« Ich streichle immer noch über seine Hand. »Was noch?«
höre ich mich sagen. Ist mir das nicht genug? Will ich etwas
ganz anderes hören? »Du bist schön«, sagt er. »Wie schön?«
frage ich nach. »Na, schön halt« gibt er knapp zurück. Ich
möchte nicht über Geld sprechen und auch nicht über mein
Übergewicht. Ich weiß nicht, ob dieser Bauchansatz, mit
dem ich mir meinen Schwimmreifen immer kleinrede, so
störend aussieht, wie er sich anfühlt. Aber gut, denke ich
mir. Warum bin ich immer so kritisch und vertraue ihm
nicht? »Andreas?« sage ich, weil die Stille eigenartig ist.
»Ja?« murmelt er zurück. »Wie schön?« frage ich. »Was willst
du hören?« antwortet er. Ich kann seinen Ton nicht deuten.
»Warum siehst du mich nicht an?« Er sagt nichts. Dann: »Ich
seh' dich eh an.« »Deine Stimme ist anders, wenn du mich
ansiehst«, gebe ich zurück, »ich kann das hören.« »Ich seh'
dich an«, sagt er noch einmal. Sein Ton wird ungeduldig. Ich
ziehe meine Hand zurück, reibe seinen Schweiß zwischen
meinen Fingern. »Ich bin blind, aber nicht deppert.« »Hab'
ich das gesagt?«, fährt er mich an. »Wo siehst du hin?«, frage
ich noch einmal. Warum kann ich nicht einfach aufhören,

denke ich. Warum kann ich das, was er sagt, nicht einfach stehen lassen. »Ich seh' dich an, hab' ich gesagt, also hör auf.« »Das tust du nicht, ich kann es hören.« Stille. »Die Sonne scheint mir genau ins Gesicht. Das blendet«, sagt er. »Dann setzen wir uns um. Mich stört das ja nicht«, antworte ich und versuche, meiner Stimme einen selbstironischen Unterton zu geben. Ich höre, wie er aufsteht und das Badetuch von der Liege nimmt. Warum will er nicht auf meinem Badetuch sitzen? Graust es ihm schon vor mir? Ich fände es schön, den Abdruck seiner nassen Badehose unter mir zu spüren. Ich stehe auf und nehme mein Badetuch. Als ich zu seiner Liege gehe, stoße ich seinen halbvollen Plastikbecher um. Ich spüre, wie das Bier zwischen meine Zehen rinnt. »Schau doch, wo du hingehst«, fährt er mich an und schiebt ein kleinlautes »Entschuldigung« nach. Die Sonne brennt in meinem Gesicht. Ich will den Tag nicht ganz ruinieren. Irgendetwas Nettes sollte ich sagen, denke ich. Etwas, das diese Spannung wieder wegnimmt. »Es ist so schön hier«, sage ich einfallslos. »Ja«, antwortet er, und ich höre, wie sich sein Blick wieder von mir abwendet. »Es ist nicht die Sonne, richtig?«, sage ich, obwohl ich das eigentlich nur denken wollte. »Was?«, fragt er gereizt. »Es ist nicht wegen der Sonne, dass du mich nicht ansiehst«, setze ich nach. Er steht auf, nimmt den mit Sand verschmierten Becher. »Hör endlich auf damit« und »Ich geh' noch ein Bier holen«, ruft er mir zu und ich höre, wie seine Flip-Flops durch den Sand schleifen. Meine Augen brennen. Es ist nicht die Sonne, die mich sticht. Ganz langsam fließen

Tränen über meine Wangen. Hatte Anna gestern Abend also Recht gehabt, als sie mich, schon angetrunken, auf dem Gang im Hotel kurz an der Hand nahm und mir zuflüsterte, dass sie ihn beobachtet habe, wie er den ganzen Tag die nackten Mädchen am Strand ausgezogen habe. »Wie kann er sie ausziehen, wenn sie schon nackt sind?«, hatte ich ihr scherzhaft geantwortet und war einfach weitergegangen. Sie kam mir nach, nahm mich noch einmal bei der Hand und sagte: »Mach doch die Augen auf.« Ich wusste nicht, ob sie mich kränken wollte oder einfach auch betrunken war. »Ich sehe ihn besser als du«, warf ich zurück und merkte, wie ich langsam wütend wurde. »Was mischst du dich überhaupt ein?« »Ich will nicht, dass er dich enttäuscht«, sagte sie leise und ließ meine Hand los. »Das gestehst du mir Blinden nicht zu, so einen Mann, gell«, fuhr ich sie an. Sie wich drei Schritte zurück und ich hörte, wie sie heftig den Kopf schüttelte. Ich wandte mich ab und stapfte auf mein Zimmer zu. Sollte sie denken, was sie wollte, ich würde mir meine Liebe nicht von ihr schlecht reden lassen.

Die Sonne tut mir weh im Gesicht. Meine Nase läuft vom Weinen. Ich stehe auf, ziehe das Badetuch unter meinem Hintern hervor und wische mir den Rotz ab. Es ist mir egal, ob ich angestarrt werde. Anna hat also Recht gehabt und das Puzzle viel früher zusammengesetzt. Ich stehe auf und gehe in Richtung Meer. Das Wasser ist ruhig, nur ganz leise höre ich die kleinen Wellen gegen den Strand schlagen. Meine Schritte sind unsicher, der Sand ist heiß unter meinen nack-

ten Füßen. Mein hüpfender Gang muss eigenartig aussehen.
Ich versuche, mich auf die Geräusche zu konzentrieren. Das
Wasser wird mich beruhigen, denke ich. Es wird diesen Satz
in meinem Kopf wegmachen, der ununterbrochen hämmert.
Der sich durch kein Geräusch überdecken lässt. Neben mir
schreit ein kleines Kind auf Kroatisch. Brüll lauter, denke ich,
brüll lauter, und überlege, ob ich es wie unabsichtlich treten
soll, damit es nicht aufhört zu schreien. Es fällt mir nicht
schwer, mich darauf auszureden, nichts gesehen zu haben.
Das Kind wird still. Ich gehe näher zu ihm hin, mache einen
großen Ausfallsschritt und steige ihm auf seinen Schenkel.
Das Kind heult auf. Endlich ist die Stimme in meinem Kopf
leiser. Nur wie von weit weg höre ich den quälenden Satz:
Hast dir ein bisserl sehende Augen gekauft.

2.

An Leo Haller, wohnhaft in: Kröllgasse 11 / 5, 1150 Wien. Aus
dem Computer schreit mir diese E-Mail entgegen. Schreit
mich an. Eine Vorladung vor Gericht. Natürlich war das alles absehbar. Du Trottel. Ich hatte ihr nicht zu nahe kommen wollen. Ich wollte nicht, dass sie mich so versteht. Die
Sonne strahlt durchs Fenster, das Weiß vor meinen Augen ist
unerträglich hell. Ich suche meine Sonnenbrille. Irgendwo
im Schlafzimmer muss sie sein. Ich stehe auf, der Weg zwischen Küche und Klo, zwischen Klo und Schlafzimmer hat
sich in meinen Körper eingeschrieben. Jeden Tag dieselbe

Schrittfolge. Zahlen, die jetzt mein Leben diktieren. Heute muss ich die Bahn freikämpfen. Eine Tasche steht im Weg, genau bei 14. Ich schiebe sie zur Seite. 15, 16. Ich hasse es, wenn es mehr als 33 sind. Wenn mich irgendein Gerümpel zu einem Umweg zwingt. Sabine weiß das und lässt ihre Sachen trotzdem liegen. Immer wieder. Als ob sie etwas zwischen uns legen müsste. 34. Ich kriege den Tisch zu fassen. Unter einem Stapel Zeitungen entdecke ich die Sonnenbrille. Das Abblenden ist angenehm, das Weiß vor meinen Augen wird milder. Erst bei 63 bin ich zurück in der Küche. Die Gerichtsvorladung brüllt mir wieder entgegen. Unter der Zeile »klagende Partei« steht ihr Name. Ihr schöner Name. Seit 17 Jahren bin ich verheiratet, fast so lange, wie dieses Mädchen alt ist. Was für eine bescheuerte Idee. Noch dazu bei ihrem familiären Hintergrund. Was hätte mich an so einem Backfisch reizen können? Wenn sie nach den Kursen zu mir ins Büro kam, unterhielten wir uns. Ich genoss ihre Aufmerksamkeit, das stimmt. Sie war mir fremd, mit ihrem türkischen Akzent und ihren Sätzen, die spröde waren und jung. Wir teilten das Nichtsehen. Und doch unterschied uns alles. Natürlich war das absehbar. Du Trottel. In ihrer Verliebtheit zu diesem Jungen war sie wie jedes Mädchen in ihrem Alter. So voller Begeisterung. So voller Fragen. Ich hörte meistens nur zu. Sie fasste Vertrauen. Sie erzählte mir von seinen Berührungen und von ihrer Angst. Davon, wie sie sich an die Regeln ihrer Familie halten wollte und trotzdem Sehnsucht hatte, ihn zu spüren. Vielleicht hätte ich schon da unsere Treffen abbrechen sollen. Unsere Treffen, die mir so wichtig, die ganz schleichend zum Zentrum meiner Tage geworden waren. Erst jetzt ist mir das klar. Plötzlich fing sie an zu weinen, an einem dieser Nachmittage in meinem Büro. Ich wusste nicht, wie ich reagieren sollte. Mir fielen keine passenden Worte ein. Kein einziger intelligenter Satz schob sich aus meinem Mund. Vorsichtig legte ich meinen Arm um ihre Schultern. Ich wollte sie beruhigen. Ich hatte ihr nicht zu nahe kommen wollen. Wie hätte ich ihr sagen sollen, wie die Zeit in einer Beziehung langsam vergeht und sich alles verändert. Wie alles plötzlich brechen kann. Wie sehr ich es immer noch hasse, wenn Sabine sich nicht an unser Ordnungssystem hält. Für sie sei es anstrengend, wenn der Stress über sie hereinbreche und ihre ganze Aufmerksamkeit draußen verlangt werde. Dann habe sie keinen Kopf für diese Details. Für diese Details. Ich fühle mich nicht gesehen, als ihr Detail. Nach 17 Jahren ist es das, was uns immer noch trennt. Sie versteht nicht, dass es schwierig ist, sich gesehen zu fühlen, wo doch alle immer nur hinstarren. Auch dieser Junge, von dem ich nur den Namen kenne, hatte das Mädchen nicht gesehen. Er hatte sie verlassen, weil es ihm zu mühsam geworden war. Dass er als Sehender nicht mit diesem blinden Mädchen, die ganze Zeit. Könne sie das nicht verstehen? Dass er sich dieser Verantwortlichkeit nicht stellen könne. Dieser falschen. Ich wollte ihr sagen, dass es Zeit braucht, bis es anders wird. Dass es nicht ausgeschlossen ist. Ich wollte ihr von dem Tag erzählen, als Sabine plötzlich angerufen hatte. Nach 10 Monaten, in denen wir uns nicht gehört hatten. Nach meinen ersten 10 Monaten, in denen ich nichts mehr sah. Das Gefühl von Defizit hätte sich in den Hintergrund geschoben und sie fühle sich nicht mehr für etwas verantwortlich, das waren ihre ersten Sätze am Telefon. Es war genauso heiß gewesen wie heute. Ich wollte ihr erzählen, wie ich aufgesprungen und hinuntergerannt war, um auf der Straße laut zu schreien. Wie alle Leute diesen verrückten Blinden angestarrt hatten, und wie mir das zum ersten Mal egal war. Nichts von alldem sagte ich ihr an diesem Tag. Ich saß einfach stumm da, hörte ihrem Weinen zu, spürte das leise Zittern ihrer Schultern unter meinem Arm, drückte sie sanft an mich, um sie zu beruhigen. Ich weiß nicht, was sie später ihrem Vater erzählte. Nein, ich habe sie nicht sexuell belästigt, schreie ich meinem Computer entgegen. Ich stehe auf, hole ein Glas Wasser. Die Kälte, die meine Speiseröhre runter rinnt, beruhigt mich. Ich habe nichts getan. Wie kann ich das jetzt erklären? Meine Uhr sagt, dass es noch drei Stunden sind, bis Sabine nachhause kommt. Es wird ihr etwas einfallen, da bin ich sicher. Ich weiß nicht, ob sie verstehen wird, wie schwierig es ist, eine Berührung zu deuten, wenn man kein Gesicht dazu sieht. Wahrscheinlich wird sie mild lächeln und den Kopf schütteln. Sie wird mir antworten, dass es auch schwierig sei, eine Berührung zu deuten, selbst wenn man ihn sieht. Und dann wird sie mich fragen, wieso ich nicht selbst auf die Idee gekommen sei, dass es den Deutungsspielraum sehr klein mache, ein türkisches Mädchen nach ihrer Jungfräulichkeit auszufragen und dann den Arm um sie zu legen. Mit welcher Neugier nach kulturellen Differenzen ich mir das schönreden habe wollen. Natürlich war das absehbar, du Trottel, wird sie dann sagen. Ich habe nichts getan, werde ich antworten. Und dann werde ich meinen Kopf in ihre Schulterbeuge legen und vergessen, dass ihre herumliegenden Taschen mich heute 5 Schritte Umweg gekostet haben.

3.

Nur an der Sonne, die das Dunkel vor meinen Augen heller oder dunkler macht, je nachdem, ob ich mich zum Fenster hin- oder von ihm abwende, kann ich mich orientieren. Seit dem Vormittag bin ich nun blind, habe mir meine Augen verbunden. Die Wohnung ist leer, meine Mitbewohnerin nicht da, es ist heiß und ich tappe nur in Unterwäsche durch die Räume. Am Anfang war es ganz langsam gegangen. Die Hände unsicher von meinem Körper weggestreckt, hatte ich vorsichtig einen Fuß vor den anderen gesetzt. Seit vier Jahren lebe ich in dieser Wohnung, und doch ist mir keine ihrer Ecken vertraut. Ich hatte beschlossen, mir zuerst leichte Aufgaben zu stellen, um dann zu den schwierigeren aufzusteigen. Punkt eins: aufs Klo gehen. Das geht ganz gut, meine Berührungen sind zielsicher. Ich gehe zurück in die Küche. Mehrmals stoße ich an der Katze an, auf die ich einen durchgeknallten Eindruck machen muss. Sie streicht um meine Füße herum, miaut und weiß wohl nicht recht, was sie mit meiner neuen Langsamkeit anfangen soll, da sie mich nur hektisch, fahrig und umherspringend kennt. In der Küche fülle ich mir ein Glas voll, das Wasser rinnt mir über die ganze Hand, es ist kalt, angenehm kalt. Ich beuge den Kopf hinunter, um das überlaufende Wasser aus dem Glas zu schlürfen. Ein Schmerz schneidet sich in meine Stirn, ich lasse das Glas fallen. Das Geräusch ist dumpf, als es gegen das Aluminium der Abwasch prallt und das Wasser aufspritzen lässt. Ich habe nicht an die Dunstabzugshaube gedacht, deren Kante nun ein kleines, blutendes Loch in meine Stirn geschlagen hat. Nur ein Kratzer, denke ich, obwohl ich schockiert bin von dem warmen Strom, den ich in Richtung meiner Augenbrauen laufen spüre. Ich drehe mich um und suche nach den Taschentüchern, die unter der Küchenablage liegen. So bin ich unabsichtlich gleich zu Punkt 3 übergegangen: putzen. Nachdem ich das Blut abgetupft habe, wische ich die kleine Überschwemmung auf, die ich angerichtet habe. Das Glas ist zum Glück nicht zerbrochen. Ich nehme es aus der Abwasch und fülle es erneut voll, diesmal ein wenig vorsichtiger. Dann tapse ich zum Küchentisch und lasse mich auf den Sessel fallen. Erst zwei Stunden sehe ich nichts, und bin schon vollkommen erschöpft. Vor dem Verbinden der Augen hatte ich mir mein Notizbuch zurechtgelegt, auf dem Küchentisch, daneben einen Kugelschreiber. Die Katze hat ihn noch nicht entdeckt, ich ertaste mit meinen Händen, das alles noch so da liegt. Also zurück zu Punkt 2: schreiben. Ich will alles genau dokumentieren, um später einen Text daraus zu stricken. Mir war nichts eingefallen, was ich hätte sagen wollen, in den Wochen davor, und erhoffe mir von meinem Experiment irgendeine Eingebung. Ich bin froh, dass ich das weiße leere Blatt vor mir nicht sehen kann. Einfallslos beginne ich mit meinem Namen. Langsam schreibe ich ihn auf den oberen Rand der Seite. Ich denke an Rosa, an ihr trauriges Gesicht, als sie mir von Kroatien erzählte. Während ich im Freibad gelegen war, war sie an den Strand gegangen. Vielleicht hätte ich auch auf einen dieser pickeligen Jungs draufsteigen sollen, die mich mit ihren Blicken ausgezogen hatten. Mir hat ihr Mut gefehlt. Vielleicht aber auch nur ihre Verzweiflung. Ja, ihre Geschichte werde ich erzählen, denke ich, und schreibe, eine Zeile unter meinem Namen: »Rovinj. Unser erster, gemeinsamer Urlaub. Die Strandgeräusche, durchmischt mit der fremden Sprache, die an mein Ohr dringen, sind entspannend.« Ich weiß nicht, ob ich diese Wörter schon über meinen Namen geschmiert habe oder ob alles noch in der Textordnung ist. Egal. Ich werde es später wohl schon entziffern können. Die Katze springt auf das Fensterbrett und rollt sich neben der Pflanze zusammen. Ich stelle mir vor, wie sie mich anstarrt. Ob sie spürt, dass ich anders bin als sonst? Wenn sie nun beginnen würde, die Pflanze anzubeißen, wie sie es immer tut, wenn ich nicht da bin, wäre das ein Indiz dafür? Bin ich überhaupt anders als sonst? Ich stelle mir vor, wie meine Mitbewohnerin überraschend in die Wohnung kommen und irritiert sein würde, wenn sie mich sähe. Mich, in meiner Unterhose, dem Unterhemd und der blutverschmierten Stirn. Würde sie lachen oder sich erschrecken? Ich würde die Blicke der beiden gerne sehen, um sie zu deuten. Leo hatte mir erzählt, dass Sabine es hasste, dauernd angestarrt zu werden, wenn sie mit ihm auf der Straße ging. Ihm wäre es egal, sagte er, er könne sie in dem Punkt nicht wirklich verstehen. Ich hatte sofort Partei für Sabine ergriffen. Ja, wenn ich mit meiner Freundin Hand in Hand in der U-Bahn sitze, ist es dasselbe Gefühl. Alle glotzen uns an, und nie ist es schmeichelhaft, das Zentrum dieser leeren bis abwertenden Blicke zu sein. Nie ist es mir egal. Was würde Rosa sagen? Ich habe sie nicht danach gefragt. »Die Sonne brennt in mein Gesicht«, schreibe ich. Nein. Ich streiche »in mein Gesicht.« Nicht ins Gesicht. Ich ergänze »in meinen Nacken.« Was noch? Strand und Sommer ist gut. Ich füge hinzu, »warmer Sand klebt an meinen Füßen.« Ich höre, wie die Katze an der Pflanze knabbert. Also doch. Ich schreie sie an, sie schreckt auf und hüpft hinunter, springt dann zu mir auf den Tisch und setzt sich auf mein Notizbuch. Mitten in meinem Satz biegt ihr Hintern mir den Kugelschreiber aus der Hand. Ich ziehe ihn unter ihrem Körper hervor und beginne, sie zu streicheln. Ich spüre ihre feuchte Nase in meinem Gesicht. Vorsichtig schiebe ich sie auf die Seite und versuche weiterzuschreiben. Sie drückt dagegen. Ich drücke fester, bohre mit dem Stift leicht in ihren weichen Körper. Sie rührt sich nicht. Ich nehme sie mit beiden Händen und setze sie ein Stück neben das Heft. Sie kommt zurück, ihre feuchte Nase wieder in

184

meinem Gesicht. Nur einen Satz noch, sonst vergesse ich ihn, sage ich zu ihr und beginne, über mich selbst zu lachen. Als ob das mit einer Katze verhandelbar wäre. Ihre Pfote legt sich auf meinen Stift, ich drücke fester, er rutscht ab. Es reicht. Ärgerlich ziehe ich das Buch unter ihrem Körper hervor, ihre Krallen schaben leise über das Papier. Wieder fährt sie mit ihrer Nase gegen meine Wangen. Mit einem kräftigen Schub wische ich sie vom Tisch, sicher kommt sie auf dem Boden auf. »So geht das nicht«, fahre ich sie an, »siehst du das nicht, verdammt?« Sie ist aus der Küche verschwunden. Wütend überspringe ich Punkt 4 – 8 meines Blindenparcours und reiße mir das Tuch vom Gesicht. Die Helligkeit sticht in meinen Augen, erst langsam gewöhne ich mich an das Licht. Ich sehe auf mein Notizbuch. Die Zeilen sind ein wenig schief, aber im Großen und Ganzen verständlich. Dann lese ich den letzten Satz:

Sein Blick, den ich damals auf mir fühlte und mir ___-- -
vor- -- _ stel- -lte,
       wa--_s für ein
             Bi--ld
  ic--_h für ih_-.n
          abgeb__en
        musste.

Autoren

ANNA-MARIA WALLNER, geboren 1982 in Wien, studierte Jus in London, Wien und Dublin. Nach der Praxiszeit bei Volksanwaltschaft und Gericht erinnerte sie sich 2006 an ihre wahren Leidenschaften: Schreiben und Lesen. Sie heuerte bei der *Presse* an und arbeitet dort heute als »Zeitgeist- und Menschenredakteurin«, wie sie es nennt. Nebenbei macht sie einen Master in Medienrecht an der Universität Wien und schreibt für diverse Magazine.

MAGDA WOITZUCK, geboren 1983 in Niederösterreich, studiert Allgemeine und Vergleichende Literaturwissenschaft an der Universität Wien. Schon mit 14 Jahren begann sie, schriftstellerisch zu arbeiten, veröffentlichte später in Literaturmagazinen und Anthologien und erhielt dafür zahlreiche Auszeichnungen und Stipendien. 2009 produzierte und sendete der ORF ihr erstes Hörspiel *Doggod*.

RHEA KRCMÁROVÁ, geboren 1975 in Prag, 1981 mit ihrer Familie gegangen (worden), lebte fünf Jahre als Staatenlose, bevor sie 1986 die österreichische Staatsbürgerschaft erhielt. Krcmárová studierte klassischen Gesang, Schauspiel und Theaterwissenschaften, veröffentlichte in verschiedenen Anthologien. Für ihre Texte bekam sie mehrere Preise und Stipendien, seit 2009 arbeitet sie mit der Malerin Eva Flatscher zusammen. *www.krcmarova.com*

JOHANNES G. EPPLE, geboren 1982 in Wien, aufgewachsen in Oberösterreich, studierte Philosophie an der Universität Wien. Er veröffentlicht Lyrik und Prosa in verschiedenen Literaturzeitschriften, erhielt 2009 ein Stipendium der Wiener Autorenförderung. Bereits drei Jahre zuvor erschien sein Erzählband *Danke trotzdem!* in der *edition a*.

LUCY TRAUNMÜLLER, geboren 1976 in Linz, studierte Übersetzung in Wien und Madrid und New Media Management an der Donau-Universität Krems. Nachdem sie mehrere Jahre als Dolmetscherin tätig gewesen war, wechselte sie 2007 zum Journalismus, schrieb für Medien wie *Die Presse* und *Format*. Heute betreut sie den Online-Auftritt des Wirtschaftsmagazins als Content-Verantwortliche.

MARIA WLASSOW, geboren in Wien, begann 2002 als Regie- und Produktionsassistentin. 2005 gab sie ihr Debüt als Regisseurin und inszenierte *Im Eiskasten* von Ursula Knoll. Sie ist außerdem Mitbegründerin des Theaterkollektivs *Sequenz* und des Kurzfilmfestivals *Vienna Independent Shorts*.

ONDŘEJ CIKÁN, geboren 1985 in Prag, lebt seit 1991 in Wien. Dort studiert er klassische Philologie und arbeitet als Dichter, Regisseur, Übersetzer und Kutscher. Gemeinsam mit Anatol Vitouch veranstaltet er regelmäßig Lesungen und Theateraufführungen im Wiener *Café Nil*. Zusammen schrieben sie auch den Science-Fiction-Urlaubsberater *Zu zweit zur Sonne*, der 2009 in der *edition a* erschienen ist.

HUBERT KICKINGER, geboren 1979 in St. Pölten, studierte Betriebswirtschaft in Wien und Amsterdam. Während des Studiums arbeitete er als Statist am Theater an der Wien und betreute Wohnungslose in der *Gruft*. Heute arbeitet er als freier Journalist unter anderem für den ORF und das Musikmagazin *The Gap*. Nebenbei widmet er sich der Musik und der Fotografie.

NIKOLAI SOUKUP, geboren 1986 in Wien, schrieb zunächst für die Schüler-Beilage der Tageszeitung *Der Standard*, später wurden seine Kurzgeschichten bei internationalen Wettbewerben ausgezeichnet. Er nahm an einem Schreibprogramm für Nachwuchsautoren am Wiener Burgtheater teil, wo er auch kleinere Rollen spielte – ebenso wie am Akademietheater und in den Kammerspielen.

URSULA KNOLL, geboren 1981 in Wien, studierte Germanistik, Judaistik und Deutsch als Fremdsprache in Wien und Bischkek, Kirgistan. Sie nahm an verschiedenen Literaturfestivals teil, 2006 gewann sie den Kurzdramenwettbewerb *Drama X*, von 2007 bis 2009 arbeitete sie im Rahmen des Autorentheaterprojekts *Wiener Wortstätten*. 2009 erhielt

sie das Thomas-Bernhard-Stipendium des Linzer Landes-
theaters, derzeit arbeitet sie an ihrer Dissertation.

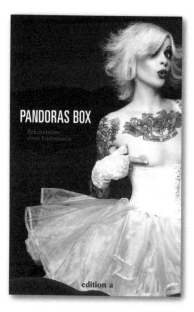

Pandoras Box
Bekenntnisse einer Erotomanin

Die Kolumnen, die eine bekannte Wiener
Gesellschaftsjournalistin unter dem
Pseudonym »Pandora Reithermann« im
Männermagazin »Wiener« veröffentlicht,
sind schon lange Kult. »Pandoras Box«
liefert deftigen Gesprächsstoff vom
Society-Parkett und abseits davon. In
ihrem Bucherstling lüftet die Autorin
das Geheimnis um ihre wahre Identität
und liefert humorvoll ein Best Of ihrer
amourösen Abenteuer: Mal zart, mal hart
– ein Plädoyer für die freie Liebe, eine
Aufforderung, sich seinen Sehnsüchten
und Abgründen zu stellen und das Leben
aus vollem Herzen zu genießen.

ISBN 978-3-99001-010-5
192 Seiten, EUR 19,95

Elfriede Vavrik
Nacktbadestrand

Mit neunundsiebzig gibt Elfriede Vavrik
ihre Buchhandlung auf, doch daheim
fällt ihr die Decke auf den Kopf.
Als sie wegen Schlafstörungen einen Arzt
konsultiert, will der ihr keine Tabletten
verschreiben. »Suchen Sie sich lieber
einen Mann«, rät er ihr. In ihrem Alter?
Vavrik hat mit Männern abgeschlossen,
als sie sich mit vierzig scheiden ließ.
Mit Hilfe eines Inserats tastet sich
die alte Dame anfangs schüchtern ins
Liebesleben zurück, das bald turbulenter
und intensiver wird, als es für sie je war.

ISBN 978-3-99001-009-9
192 Seiten, EUR 19,95